1

S A B I D U R I A

C U L T U R A L.

Los cuatro elementos------------------por el Ph.D.ROBERTO DANSIE.

Hay según las tradiciones esenciales de la sabiduría cultural, cuatro elementos básicos en la vida, y esos cuatro elementos son: tierra, agua, aire y fuego.

He aquí las características básicas de cada uno de ellos.

La tierra representa el cuerpo; agua representa las emociones; aire representa la mente y fuego representa la energía.

Cada uno de estos elementos tiene direcciones positivas y negativas, el factor determinante de estar en balance y equilibrio.

Cuando cada uno de estos elementos está en equilibrio nos encontramos sanos, en armonía, elevación y transformación. Cuando no hay equilibrio en su lugar nos encontramos, enfermedad, antagonismos, involución y fragmentación.

Los indios Hopi, conocidos por su compromiso a la sabiduría y La Paz - efectivamente el nombre "Hopi" significa paz - nos habla de que el balance es esencial característico del bienestar y que la falta de balance es señal de enfermedad. Piensa en esa palabra, " enfermedad", el opuesto de "salud", nuestro estado natural de ser.

Para los antiguos sanadores Griegos, el equilibrio fue el poder sanador de Euchilapius, su dios de la medicina. Por cierto, la palabra equilibrio contiene el término "librium" que proviene de "libra", el cuál es el instrumento para determinar el balance entre dos objetos diferentes.

Balance entonces, nos coloca en nuestro sendero hacia lo sagrado y armónico.

Según los Indios Hopi, estamos viviendo en tiempos de Koyannikatsi, que significa,

"vida sin balance".

Nuestros científicos modernos tienden a estar de acuerdo y, agregaremos a estar de acuerdo con este punto de vista, y sugieren que encontremos la manera de colocarnos en equilibrio con la Tierra, si es que queremos continuar con vida.

Ahora, al nosotros ver los elementos principales de la vida y sus consecuencias en relación con nuestra existencia personal, mantengamos en mente que cada elemento en equilibrio es un factor positivo, mientras que un elemento fuera de balance es un factor dañino para nosotros, nuestras relaciones y nuestro mundo.

Nuestro equilibrio es factor clave para nuestra vida personal y colectiva, nuestro mundo interno y externo.

Echemos un vistazo al interior de los elementos, sus señales de falta de balance y cuáles son esos principios que pueden ayudarnos a regresar al equilibrio.

Yo dedico este libro a esa persona quien ha traído luz y equilibrio a mi vida y quien ha escrito este libro conmigo: Teresa Dansie, mi esposa.

TIERRA.

La gente terrestre es guiada por su cuerpo y sentimientos. Su ciclo florece en el atardecer, y su orientación psicológica se hunde en su sí misma como ningún otro elemento. Son los nadadores de las profundidades del mundo interior, los que emergen con la "perla mística". La perla ha sido creada más allá de los años en soledad y profundidad y cuando viene al mundo exterior trae luz y sabiduría. Pero esta es la clave: la perla que vive en sí misma ha de ser sacada a ver la luz. Esta exteriorización, es de lo que Jesús hablaba cuando dijo, según el Evangelio de Tomás: "Si tú no traes por delante lo que está dentro de ti, lo que está dentro de ti te destruirá". Si tú traes afuera lo que está dentro de ti, lo que está dentro de ti, te salvará.

Adentrarse en sí mismos no es un reto para la gente terrestre, el reto estriba en salir y compartir su sí mismo con los demás. Frecuentemente encuentran el camino en auxilio de los demás y realizan bellamente el papel de salvadores. Pero si miramos más profundo encontraremos que hay poca intimidad en sus vidas porque fallan en compartirse ellos mismos con otros y con el Mundo.

José Campbell habla de tres etapas en el sendero del héroe: La Partida, La Soledad, y El Regreso. La gente Terrestre es la que tiene como su reto principal el Regreso al Mundo ya que donde van y lo que encuentran en su andar, parece imposible de traducir para el resto del Mundo.

Así de profundo es su hallazgo que no hay lenguaje para expresarlo. Aun así su reto es llevarlo, aun cuando es hecho indirectamente. El ejemplo de nuestra respiración puede ayudarnos con este asunto. Nosotros inhalamos y exhalamos. Cuando el aliento sale, algo de nosotros sale con ello. Este es nuestro sí mismo más profundo, el más privado y personal y aun así capaz de extenderse en el mundo. Nuestra tarea es hacer esto consciente y deliberadamente. Cuando logramos hacerlo en este proceso unimos lo que el famoso psicólogo humanista Carl Rogers nos dijo " sucede con frecuencia que lo que consideramos la parte de nosotros más privada y personal es también la más universal". Y en las palabras del poeta Gibran Jalil, "lo que digo hoy con una voz, mañana será dicho por muchas voces".

Y aquí encontramos otra cualidad de la gente terrestre: dada su inclinación por lo profundo, a menudo, extienden los horizontes para el resto de la humanidad. Ellos permanecen más tiempo en la oscuridad; por tanto, sus ojos ocasionalmente se ajustan lo suficiente como para discernir la realidad de un mundo que otros tienden a creer invisible. Aun cuando la gente terrestre tiene que tener el valor de sus propias experiencias personales, aun cuando esas experiencias parezcan ser no comunes ni cotidianas.

Silencio y espacio son las contribuciones más grandes de la gente terrestre. Y porque han sido los primeros en perfeccionarse en estas habilidades poderosas, pueden traer un sentido de "presencia" al mundo en que habitan.

Su estado de ser - más que el de hacer - es su principal fuente de poder. Pueden también proveer estabilidad y orden en las relaciones, situaciones y organizaciones, haciendo de la sustentación una de sus prioridades. Por la misma señal, precisamente por la importancia de la estabilidad y el orden en su manera de ser, las gentes terrestres están inclinadas hacia el mundo de la inacción y están agudamente conscientes de las derrotas del mundo, de la acción.

El problema comienza cuando esta preferencia se convierte en una fijación y rechazan la iniciativa. Entonces no vivirán en paz sino en inercia; entonces no entran al mundo de la no - resistencia sino en el de la no participación. El concepto del círculo, el que trae junto, nuestro mundo interior y exterior es uno que la gente terrestre han de seguir, si han de alcanzar un equilibrio en sus vidas. Traer lo que experimentan es la principal disciplina de sus vidas. Un hacer que está quebrando en su experiencia. Como la de los Indios Huicholes, quienes, habiendo experimentado su visión del mundo espiritual, siguen la disciplina de dibujar su trayecto, o expresándolo con movimiento, palabras, sonidos, canciones o historias. El factor importante es su expresión. Los Indios Huicholes también nos dan buen consejo en esta práctica: cuando expresan esta experiencia en una pintura, puedes siempre encontrar alguna imperfección deliberada. Cuando les preguntas "¿qué es esto?" te dicen "esto soy yo" y este señalamiento a su ego es hecho para que así no se sientan ellos inflados con la divina y aflictiva enfermedad de los genios, el narcisismo.

Aquellos que van a las profundidades, están constantemente tomando el riesgo de tomarse muy en serio y de convertirse energéticamente pesados.

La ligereza de ser y el sentido del humor son aliados formidables en cada persona y deberían ser cultivadas por ellos y los miembros de sus familias. Como cuando la gente terrestre está en equilibrio, nos referimos a ellos como "ligeros terrestres". Cuando comienzan a perder equilibrio, los describimos como "terrestres pesados", y cuando pierden equilibrio por completo los llamamos "temblores de tierra". Fritz Pearls, el fundador de la Terapia Gestalt, nos alentó a "salir de nuestra mente y prestar atención a nuestros sentidos" por esas buenas razones. El mundo moderno nos saca de nosotros para introducirnos en el siempre cambiante mundo de la mente. Nuestro gran salvador de este predicamento reside en nosotros mismos, que es el principal vehículo de experiencia para la gente terrestre. Esta preferencia es el cuerpo - más que la mente - puede ayudarnos al acceso del dominio intemporal del momento presente, el aquí y ahora. La gente terrestre está dotada de los ingredientes correctos para vivir en eternidad, si hacen la promesa de vivir en el presente y permanecer conectados con sus quehaceres habituales, en lugar de rendirse al sentido de las preocupaciones, rumiante proceso del pensamiento que se apodera de aquellos que cohabitan con enfermedades.

En palabras de la sabiduría ancestral "si no deseas estar preocupado mantente ocupado". Esas estimulantes actividades, son magníficas para la gente terrestre, particularmente cuando llegan al punto de inactividad negativa.

El perfeccionismo es también un gran enemigo de la gente terrestre por lo que respecta al orden y estabilidad, la gente terrestre tiende a cultivar minutos pero por larga duración y con esmerada diligencia. El efecto colateral a este patrón es que preferirán no hacer nada si lo que van a hacer no es de la más alta calidad. La mente entonces se apodera del papel crítico y los hace sentir no adecuados cada vez que no aciertan en alcanzar las metas óptimas. Estas intenciones procrean falta de compasión personal hacia los demás y frecuentemente producen la falta de autoestima.

Esto trae, como consecuencia, "una autoestima condicionada". Desde su punto de vista, lo hacen así para ser merecedores de elevado sentido de responsabilidad, lo cual es dictado por su mente critica, y rara vez lo son en realidad. Su reto es amarse a sí mismos, y hacer sin la participación de su mente condicionada ¿cómo puede ser esto? Solamente no dependiendo de su mente: el amor ha de venir desde el corazón, de su sentido de ser fuera del tiempo y de su alma. Y en sentido más profundo, este amor debe ir más allá de sus logros y talentos: debe alcanzar sus imperfecciones, su humanidad, y su sombra.

Recuerden, que solamente viviendo en la luz podemos ver nuestra sombra. El primer paso hacia nuestro equilibrio es nuestra propia aceptación. El paso adelante es la sana autoestima. "ser bueno para ti" es un buen principio para la gente terrestre y recuerda que los ángeles son capaces de volar porque se consideran, a sí mismos, ligeros. Ilumínate y alcanzaras a la perla que vive en el mar insondable.

Ahora, qué hacer si tienes que trabajar desde temprano y sabes que tu mente no parará hasta avanzado el día. Aquí la tarea será supervigorizar tu sentido de ser al empezar el día. Y para ello, nada como aire fresco y unos breves movimientos.

Hay una razón por que millones de chinos se levantan temprano y hacen movimientos suaves y gentiles, entonándose en el campo de energía de lo armonioso a través de la práctica que llaman "Tai-Chi". No tienes que ir a grandes espacios para beneficiarte con la práctica del Tai-Chi. Es más solo unos minutos al día pueden rendir resultados extraordinarios.

Lo que importa es la calidad de intención de los movimientos. Gentil y profunda respiración y movimientos suaves despertarán tu energía sin disparar ni cansancio ni ansiedad.

El uso de hierbas que elevan tu energía, tales como el ginseng para los hombres y el albaca sagrada para mujeres, son también recomendables para la gente terrestre si vas a tener que activarse más temprano que lo que su ciclo natural les exija.

Y si trabajan en condiciones muy limitadas de tiempo, toma un par de minutos cada mañana para hacer movimientos de "recarga de energía" que consiste en mover tus manos hacía ti tomando una gran respiración y visualizando la intensificación de la luz en todo tu cuerpo.

También está el uso de la aromaterapia recuerda la gente terrestre está altamente sintonizada hacia sus sentidos particularmente el uso de aceites cítricos, así como aceites de jengibre. Flores amarillas e imágenes del sol naciente también pueden estimular tu energía, tanto como el sonido del océano y su oleaje o sonidos de la naturaleza en las primeras horas del día estimularan tu sistema para continuar tus actividades.

La quietud que se antepone a las acciones es intencional, mientras que la quietud después de acciones ha de convertirse en relajamiento intencionado hacia un descanso. Y es más, hay una forma de mantenerse quieto: la quietud durante la acción, quietud en movimiento. Y esa destreza puede alcanzarse por la gente terrestre. Es más la quietud en movimiento es una cualidad que puede restaurar el balance energético en un mundo que se ha convertido en frenético y lleno de ansiedad. Esta cualidad, junto al impacto positivo para el individuo que lo pone en práctica, es buena medicina para todo el mundo.

Hay 3 niveles principales desde los cuales vemos y experimentamos el mundo. Esos niveles son: presencia, ánimo y alma.

El primero, es el papel que estamos jugando en un momento dado. Este es el que los romanos llamaban "máscara". El segundo dominio es el de nuestras sensaciones, emociones, pensamientos y energía. De estos, es el de sensaciones que la gente terrestre ve y experiencia el mundo.

Y el tercer nivel: el del alma, este es el que permanece invisible, el que es sentido, pero permanece más allá de nuestros sentidos.

El reto es experimentar el primero y el segundo dominio, pero no quedarse atados a ellos.

Nuestra tarea es mover nuestro centro del primero al segundo dominio, y de ahí al tercero, sabiendo que con cada dominio más alto incluimos y trascendemos el previo anterior.

Para la gente terrestre, en particular, la identificación con el ego tiende a ser hecha con el cuerpo y con el mundo sensual. Ya que la principal identificación es con la sensación, de vida física y sensorial el fin de esas experiencias es causa del mayor de sus temores y ¿cuáles son? La muerte y el cambio.

La gente terrestre encuentra su equilibrio cuando confrontan su mortalidad, cuando consultan su muerte inminente. En palabras del reverendo Martin Luther King Jr., "aquél que no está preparado para morir por algo no está capacitado para vivir".

Y ¿qué es eso para lo que estamos preparándonos para morir? Tales cosas son nuestros propósitos, es el principal motivo por el cual vivimos la vida es para alcanzar el tercer nivel - el de la inmortalidad - la gente terrestre va más allá de la muerte y se enraíza en los terrenos del SER. Desde ahí, sus formas y sentidos - segundo nivel - alcanzan su más alta expresión, aquellos por los cuales son invisibles, convierte su experiencia en los sentidos, y se vuelve tangible en su forma presente.

Todo en uno y uno en todo, completamente.

Tan pronto como los cambios se dan, la gente terrestre ha de tener en mente lo que el cuerpo ha enseñado. Nuestros órganos están intercambiando átomos: el cuerpo en el que vivimos hoy, no es el mismo que teníamos siete años atrás. Todas nuestras células están en constante estado de vida, muerte y regeneración de sí mismos. La célula que olvida como morir – la más temerosa al cambio - se transforma en cáncer: y esta célula la que inicia la destrucción de las células a su alrededor.

La gente terrestre es intrínsecamente consciente de que somos la tierra. Cada uno de los ingredientes físicos que nos configura proviene de la tierra. La comida que comemos rompe moléculas que provienen de la tierra y que nos renueva lo que ponemos en la tierra más tarde se nos regresa. Haremos bien en pensar de nosotros mismos como si tuviéramos dos cuerpos uno que movemos y el otro, el que internamos en nosotros. El primero es nuestro cuerpo encerrado en la piel y el segundo nuestro cuerpo de la tierra.

Durante la ceremonia de meditación, nos sentimos a nosotros mismos en nuestro cuerpo encerrado en la piel y en cuerpo terrestre.

Muchas de nuestras sensaciones que nos distraen encuentran descanso cuando expandemos nuestro cuerpo terrestre. Con nuestro cuerpo terrestre, no solo encontramos descanso: también encontramos renovación. Así mismo, experimentamos sensaciones tan grandes y antiguas como la tierra misma. Esta experiencia fue conocida en la antigua Grecia, como GAIA, el espíritu de la tierra. Esta experiencia nos puede dar una visión cósmica de que somos la tierra y algo aun mayor que esto: que somos la tierra que puede ver y experimentar la tierra misma. Por tanto como la tierra ha estado anhelando: nosotros hemos anhelado con ansia de llegar a ser conscientes: ser como un concepto de pertenencia, el lugar donde se unen la mortalidad y la eternidad y se convierten en una misma.

Los antiguos mexicanos hablaron de la tierra como "Tonantzin", nuestra madre. Aquellos que fueron conscientes de todo esto se condujeron con respeto y honor como a su madre. De ellos se decía que tenían madre. Y de aquellos que habían perdido su sentido del honor se decía que "no tenían madre".

En últimas fechas, las profecías de los Mayas nos dicen, - los niños de la tierra- los terrestres harán la guerra contra aquellos que no tengan madre. Si somos conscientes de nuestra madre y de cómo se mueve la vida en el mundo. Si no somos así, acabaremos con la vida en la tierra.

En nuestra generación hemos llegado a este punto crítico, lo que los Mayas dicen "punto cero". La gente terrestre – los de las sensaciones - fueron los primeros en despertar a su conciencia, el darse cuenta de que somos la tierra. Todos los avatares – los anteriores seres humanos que alcanzaron la iluminación - actuaron refugiándose en la tierra contra las ilusiones de vida. En este tiempo, nuestra tarea es no solo salvarnos, sino también hacerlo salvando a la Tierra de nosotros mismos. Si llegáramos a lograr esto, se tendrá que formular un nuevo calendario: uno que conmemore el despertar del planeta en nosotros mismos, esto será el vivir individual y colectivamente, en una corriente de conciencia precautoria que circule a través de todos los seres humanos. El campo de luz de la tierra, no solamente una atmosfera, si no la conciencia de la tierra "la esfera terrestre".

Y aquí está el asunto: la tierra está evolucionando con el propósito de extender su vida en el universo: la elevación de la conciencia que ha sido generada, con el mismo impulso con el que ha sido ensuciada el agua, el aire y destruida por el fuego hasta ahora generada en la tierra. Nosotros, humanos, somos como una capa sobre la cual una vida más elevada y profunda será sobrepuesta y estaremos en ella justo como la tierra está en nosotros y en ello estará nuestra experiencia y realización, justo como ahora la tierra está sintiendo su posible realización en nosotros. Nosotros residiremos en un estado de conciencia más elevado.

En términos de experiencia ser uno con la tierra. así como las mujeres, colectivamente han logrado el estado introspectivo del género mucho antes que los hombres y constituyen modos de usar el poder que va a ayudarnos a recuperar el equilibrio en nuestro mundo. Este es un tiempo en el que la salvación vendrá con el poder cósmico femenino, ese representado por amorosas diosas en todo el mundo. Haremos bien en recordar que los hombres tienden a concentrarse en ganar, mientras las mujeres históricamente han concentrado su atención más en "curar, sanar", alimentar y perdonar han sido virtudes que las mujeres han instalado en el mundo. No debemos titubear abrazar el poder femenino – ambos hombres y mujeres - y escuchar la profunda sabiduría de nuestros sentidos.

En un mundo en el cual uno, frecuentemente, se pierde en detalles, nuestra liberación puede venir más rápidamente si solamente nos mantenemos en contacto con nuestros sentidos.

Hans Christian Anderson ilustró este punto muy bien cuando creo su cuento de "el Emperador y su capa". En esta historia es el niño quién confía en sus sentidos cuando dice: "¡Pero el emperador no trae ropa!". Solo transporten esto cuando lean cualquier discurso político, o al bombardeo de la televisión y sus comerciales; o a su siembra de necesidades no existentes; o al conjunto de prioridades en el mundo; o a los alimentos que promueven para nutrir nuestros cuerpos; o algunas pláticas de algún amigo. Solo ve escúchate y sobre todo no te hagas trampa ni te engañes.

En términos de nuestro desarrollo cronológico, podemos encontrarnos en cuatro principales niveles de desarrollo: niñez, juventud, adultez y ancianidad. El elemento Tierra tiene retos específicos en cada uno de ellos.

La tierra en la niñez, es exclusivamente la experiencia de sensaciones físicas centradas en sí mismo. Nos recargamos hacia el confort y rechazamos la incomodidad. En casos extremos, podemos tener poca o ninguna tolerancia a la incomodidad, lo cual nos hace ser candidatos a retardar el crecimiento y a tomar riesgos. Pudiéramos decidirnos a permanecer infantiles por el resto de nuestras vidas. Y hemos visto todo esto individualmente. Es el hombre en la tienda que no tiene sentido de los demás. Solamente su sentido importa. Lo relacionado con él y fuera de consideración con los demás. "Yo" su palabra favorita y todo lo que no experimenta no está sucediendo en el mundo. Cuando hablan, es solo acerca de ellos. Si tu estas en su mundo, es porque significas algo para ellos o por ser parte de su comentario y ser parte de su historia. Sin ellos – seguramente - no hay mundo.

Con niños terrestres, hemos de poner énfasis, su habilidad de ponerse ellos mismos en lugar de las demás personas. Al mismo tiempo, hemos de fomentarles el que permanezcan en contacto consigo mismos, sin perderlo con los demás. En relación con los demás, podemos estimularles compartir con otros la claridad sensorial con lo que ven del mundo, diciéndoles las maravillosas palabras de Tomás Paine quien dijo "el sentido común no es tan común". Y no solo el sentido común: solamente el sentido, tu habilidad para usar tus sentidos.

Gente terrestre puede comunicar sentido a los demás. Es básicamente poner en claro, simples pero esenciales factores de vida.

Niños terrestres pueden experimentar retos en motivación, ya que tendrán tendencia a tratar de almacenar energía y hacer menor esfuerzo con el máximo impacto. Por sabio que esto pueda ser, no debemos dudar disciplinar a los niños terrestres y frecuentemente tomar un papel activo en ayudarlos a descubrir, nuevos talentos en ellos mismos.

Cuando la gente terrestre llega a la adolescencia, su preferencia por la estabilidad puede causarles temor a los cambios que acompañan a la juventud. Haciendo la paz con imperfecciones pueden rendir maravillosos resultados, ese es un buen momento para hacerlo con adolescentes terrestres. Con el propósito de minimizar la intensidad de autocrítica por imperfección, será conveniente tener un rango de actividades, así que la atención pueda ser cambiada de una a otra, permaneciendo más allá de críticas que permanecen en una sola área de vida. Bajo una visión profunda temporal de la adolescencia puede ser un poderoso aliado para adolescentes terrestres quienes pudieran estar experimentando sensaciones fluctuantes y frecuentes conflictos "y esto también pasará". Esas fueron palabras que dijo un hombre sabio en un momento de crisis al rey que recuperó, gracias a ellas, ecuanimidad en esos momentos ausente, por lo cual se le otorgó el título de "el sabio". Bueno, esas palabras son para ser guardadas constantes y cerca de los adolescentes terrenos, porque pueden proveer de perspectivas benéficas sobre todo en tiempos de fluctuaciones.

Dada la tendencia de calidad más que de cantidad en la gente terrestre, los adolescentes terrestres tendrán la tendencia de tener pocos pero cercanos amigos. Esto será bueno en tanto los amigos que tengan escogidos tengan cualidades positivas. Si no es así debemos intervenir exponerlos y que hagan nuevas relaciones, con frecuencia tomándolos para que hagan nuevas relaciones, donde las interacciones que se provoquen sean mejores.

Adultos terrestres tendrán una tendencia a buscar su zona de comodidad y a ser especialmente defensivos de sus sentires del orden y ambientes. Si tú tienes relación con algunos de ellos, asegúrate tomar en consideración su opinión cada vez que preveas un cambio. Si puedes hablar sobre ello antes que se dé, así evitaras que haya problemas posteriormente. Y sensibilízate, ellos son orientados a su sensibilidad y sentir no esperes que ellos verbalicen lo que esté pasando con ellos, particularmente en momentos en que esto esté sucediendo. Pon atención a su sentir, sus expresiones físicas, sus movimientos, sus poses, sus patrones de respiración y a sus hábitos. Dejándoles saber cómo tu estas traduciendo su sentir en tus propias palabras, tu empatía dará extraordinarios resultados, particularmente durante resoluciones de asuntos serios o graves: el hecho que puedas encontrar palabras para expresar sus formas de sentir, y esta claridad reduce la gravedad o alienación que de otra manera la gente terrestre tienda a experimentar cuando no se sientan comprendidos por los demás.

Los ancianos terrestres están muy interesados en tocar las limitaciones de sus cuerpos y la pérdida de sensibilidad a través de los años. Su mundo puede ser experimentado como "de menor sensibilidad". Pero sucede solamente, si ellos se limitan a verse desde un punto de vista material. Su mundo puede ser vivido como "menos sensacional" pero esto es así solo si se limitan a sí mismos y se conceptúan bajo un criterio engañosamente material.

Su experiencia también les puede proveer de una clara conciencia, de un darse cuenta de que son energía y conciencia. Pueden decidir cambiar sus sentires al lugar de su energía, donde pueden descubrir nuevas sensaciones extensivas hacia sus seres queridos y elevar sus sentires con energía hasta el campo de su conciencia, donde pueden dar dirección a sus experiencias y decisiones hacia cualquier parte de su experiencia vital: cualquier cosa que decidan para re- vivir puede infundirles con nueva energía. Y pueden, así mismo, entonarse a sí mismos en dirección de su cuerpo terrestre y cultivar una integración más profunda de su ser viviendo y descansando en la Tierra misma. Cruzaran el velo de la muerte siendo conscientes de su sentir de la Tierra; trascenderán sus sensaciones personales, muriendo a sensaciones de la tierra misma sus propios sentidos les darán la experiencia de que es, a nivel sensible, la no muerte.

En términos de paradigmas espirituales aun cuando los avatares de cualquiera de las tradiciones han reconocido a la tierra como factor esencial para su realización, el hecho se conserva que la tierra no ha sido considerada para muchas prácticas espirituales, como sagrada. Esto ha sido doloroso para la civilización occidental. La creciente conciencia ecológica ha hecho algo para aliviarse en parte este predicamento, pero nada puede desviar la conciencia y conducta como la experiencia de unidad e identidad con la Tierra. La espiritualidad de nuestro tiempo está articulada por la gente terrestre y todas las comunidades indígenas de nuestro planeta. Nosotros como seres humanos, podemos beneficiarnos de las ceremonias y experiencias interiores de aquellos que han experimentado a la Tierra como algo de sí mismos, los que se han adelantado a la ciencia y tecnología, aquellos que lo han hecho recorriendo el sendero de su corazón y han actuado en coherencia.

AGUA

La gente de Agua son movidos por una cosa: emociones. Van con sus emociones y desde el centro del corazón ven y experimentan el mundo.

Agua en acción y balance, puede hacerlos balancear su experiencia, su vida y su relación con todo ser humano. Pero cuando el agua no está equilibrada, cuando hay un exceso de ella, entonces la gente puede literalmente ahogarse en su propia agua. Los sanadores tradicionales miran a los ojos de estas gentes. "ahogarse" puede ser una de sus valoraciones. Si ese es el caso, el remedio para "desahogarse" ¿y cómo lo pueden hacer? Una forma es siendo escuchado, con la habilidad y experiencia, por otra persona. Este escucha es verdaderamente un arte. Las personas que realizan la escucha han de estar usando todo su ser en ello.

Cuando la persona está dejando que entre el aire bueno, de esta manera el agua que va siendo desalojada puede encontrar camino de regreso, como los ríos su retorno al mar el medio ambiente que rodee esta operación ha de estar libre de negatividad. Si en el aire hay toxina o energía negativa, ese aire encontrará su camino dentro de la persona que ha creado un nuevo espacio y el aire malo puede tener aún más factores negativos que el agua que acaba de desalojarse.

Esta es una de las principales razones de porque los sanadores tradicionales, antes de proceder a hacer cualquier cosa, crean un espacio sagrado y siguen un ritual para abrir y cerrar el encuentro con el paciente. Los antiguos mexicanos usaron el símbolo del "agua hirviendo" para indicar sacralidad, curación y transformación. Y eso es lo que es hecho cuando el exceso de agua es convertido en aire por el fuego, que purifica de toda negatividad aquello que se quema. Aire con luz regresa al ser de la persona y el aire iluminado eleva el espíritu.

Esto es porque los antiguos Griegos hablaban de inspiración como el espíritu en el aire que nos eleva, "nos inspira".

El agua fue asociada con el corazón. Y el hecho que algunas gentes tienen gran corazón no quiere decir que sean de ninguna manera más débiles que cualquiera. Al contrario, tienen el valor de sentir y como dice el viejo refrán sanador: "lo que puedes sentir tú lo puedes sanar".

La gente de agua son, por naturaleza, sanadores. Tienen la habilidad de tomar en ellos mismos el agua de los demás, agua que pudiera contener sus penas y sufrimientos.

Por esta cualidad, otros los buscan, frecuentemente vaciando su vida íntima fuera de ellos. Al final pueden decir, "gracias, me siento mejor ahora que hable contigo" lo cual pudiera no ser la experiencia de aquel que fue el escucha.

¿Por qué es esto?

Bueno, la gente de agua, amable y compasiva como tienden a ser, están tan interesados afectivamente como son capaces, también están al tanto que tienen la tendencia de llevar a su corazón todo lo que la otra persona pudiera estar sintiendo. Y tal como las aguas de la Tierra siempre buscan los terrenos más bajos, de la misma manera como las aguas energetizadas gravitan hacia el calor de la gente de agua.

La mayoría de la gente escudan su corazón frente al mundo, pero solamente mira a la gente de agua: su corazón va hacia la gente. Son como la imagen del Sagrado Corazón de Jesús: un corazón que está literalmente fuera del cuerpo, un corazón que es más grande que la vida. Son el antídoto a las enfermedades del hombre moderno, aquél que piensa mucho y siente poquito. La gente de agua siente todo. Por esta razón pueden ponerse bastante abrumados. Los hombres de agua, inundan su ser, Hans Christian Anderson podía sentir profundamente, el sufrimiento de otros, particularmente de los niños. Este dolor, que más tarde expuso en su biografía, pudo haberlo destruido sin encontrar canalización para esas emociones. Las cuales comenzó a tener al iniciar su exhibición de títeres.

Y que después se dio cuenta que sus historias crecieron gracias a esos sentimientos y que estaban llenas de significados escondidos que frecuentemente se remataban en finales felices. Entonces, todos esos sufrimientos tenían significados y se convertían en algo más, algo que deseaba ser trabajado, los dolores de dar nacimiento o crecientes dolores que nos hacen más fuertes para la vida. Y ese dolor fue así también la fuente de compasión, nuestra habilidad de sentir el dolor de los demás y provocar estímulo de hacer algo por ellos. Nos dicen que Christian Anderson, viejo y frágil al final de su vida pensó que sus cuentos habían venido y huido como el viento, pero el Rey de su país quien lo había alojado en su palacio le dijo "Señor Anderson, haga favor de venir frente a la ventana" Anderson lo hizo. "están viviendo por usted" el Rey añadió.

El Rey y el vieron puntos luminosos distantes. Eran sus gentes, llevando velas prendidas a todo lo largo del lugar. Esta historia revela la tendencia de la gente de agua: rara vez se dan cuenta de la grandeza de sus acciones solo las llevan a cabo desde el corazón.

Y que es lo que Antoine de Saint Exuperi, autor de "El Principito", nos dice: él tiene a la sabia Zorra diciéndole al principito una verdad eterna: "Aquello que es esencial es invisible para los ojos, solo puede ser visto con el corazón".

El corazón ha estado ahí para salvarnos, ahora y siempre. Justamente como durante la crisis de los misiles rusos en Cuba, cuando Rusos y americanos estaban llegando al punto de no regreso, un brillante hombre ruso escuchó a su corazón, y preguntó a uno de los negociadores americano quién estaba en un gran estado de ánimo. ¿Sabe usted cuál es la diferencia entre capitalismo y comunismo? Gran pensamiento, pensó el americano, aquí estamos próximos a la muerte en unos minutos más y este tipo continúa discutiendo nuestras diferencias ¿cuál es? Preguntó sin mucho interés. "Que en Estados Unidos el hombre explota al hombre". Y ¿en la Unión Soviética cómo es? Preguntó el americano, esta vez con cierta curiosidad. "Bueno - contestó el Ruso- en la Unión Soviética es todo lo contrario".

Y eso fue lo que se tomó con humor respecto a ese grave asunto. La risa que provocó trajo algo más: el darse cuenta del sentido común humano, de su amor por la vida, sus imperfecciones y de su habilidad para reírse de sí mismos y ese fue el punto de arrepentimiento. Solamente el que escucha a su corazón se salió del compromiso y salvo al mundo.

Pero si la gente de agua puede ser motivada por grandes campos emocionales y recordar, la emoción es esencial energía en movimiento – deben desarrollar la disciplina de encontrar desahogo para torrenciales corrientes del corazón. Y por esto, nada como la naturaleza, arte y creatividad.

Nosotros también tenemos la imagen de un espíritu compasivo, representado en la antigua India. Aquí vemos a alguien apurándose a atender las heridas de un ave, dada la abundancia de agua en el corazón de la gente de agua, cuando su corazón no encuentra forma de expresión, se genera mucho alboroto interno. Y no pueden mantenerlo junto, si todo lo que hacen es querer mantener las cosas retenidas. La gente de agua pueden mantener las cosas juntas dejando que las aguas suelten la corriente, dejando una parte retenida y otra suelta. Son como el mar, en latín llamado "maria". Esto es donde toma el nombre de " María", la dama del mar. Y esta dama, la de agua salada - que representa las lágrimas de compasión — tuvo también el poder de elevar el agua de mar, convertirla en nubes blancas y soltar agua dulce sobre el mundo: esto es cambiando el dolor por compasión, "dolor en amor" según la máxima en latín.

El secreto está en usar la luz divina — El SOL— y traerla a aguas saladas convirtiéndolas en aire divinas y aguas de vida. El ciclo del corazón divino.

O como Klamath. Hombre de Medicina, una vez me enseño: dar a los grandes árboles Redwood—los dadores de paz—mi agua y recibir su aire sagrado.

El anciano recogió algunas semillas que habían caído de los árboles de mis lágrimas y después me las dio en un collar que hizo para mí "Ahora el árbol irá contigo, a traer buen aire en donde pongas tu corazón" y sentí el dulce aire de los árboles Redwood "cuando hable con hombres quienes habían sido sentenciados a prisión perpetua, el buen aire estaba ahí, yo les abrí mi corazón y rodeados por el buen aire, ellos me abrieron el suyo.

Los antiguos Griegos sabían que ellos estaban en tres niveles principales de corazones en desarrollo, todos tenían el término" cordia "qué en Griego significa corazón. El más bajo era" discordia "que significa discordia."

Literalmente traducido significa aquel que te pone contra el corazón. Dis cordia es la actitud de aquellos que están contra el bien y contra el mal. Están en contra de todos   No hay nada en lo que estén a favor: están en contra de todo. Resisten y como dice el viejo refrán, a lo que resista persiste.

El siguiente nivel es aquel de " con-cordia", esto es concordia, estar a favor del corazón. La gente que está en esta etapa, tiende a ser bueno con lo bueno y malo con lo malo. Tienen selección para su bondad. Amor con límites y antagonismo con límites. Pueden estar a favor o en contra. Nos han dicho que los concordia cuidaran nuestro hogares y templos y aseguran que ninguno con discordia pueda traspasar los terrenos de nuestro bienestar, que los discordia tienen una lengua que esparce rumores y envenenan corazones.

El tercer y final nivel de crecimiento del corazón fue llamado "miseri-cordia", misericordia, la cualidad por la cual tenemos respeto por los buenos y malos. Aquí, no nos detenemos por la naturaleza cambiante del tiempo, las fuerzas fluctuantes que moran en el corazón del hombre, pero que se mueven profundamente en terrenos de eterna primavera, donde el amor no tiene tiempo y es dado a todos, así como el sol esparce su luz sobre la tierra. "Con el bueno soy bueno – dice Lao Tse – con el malo soy bueno, porque bueno es el corazón de la vida.

Aquel es amor radical, el camino del sagrado corazón la forma más elevada de la gente de agua.

Martin Luther King Jr. hizo la reflexión de que había tres formas principales de amor, formas que él aprendió de los griegos antiguos. Estas formas fueron "philial" o amor fraterno; "Eros" o amor físico y "agape" que fue amor incondicional, con el que podemos amar aún a nuestros enemigos, ese amor con el que preguntó a sus seguidores usar con aquellos que fueron sus opositores. Y él o ella quienes hablan con el corazón, habla con la voz eterna, que Aldus Huxley llamó la filosofía perene o amor eterno.

Por esto aun nos mueven estas palabras, aun cuando ellos han estado diciendo desde hace cientos y miles de años. No envejecen. Más bien el tiempo profundiza su significado. Son como el buen vino, entre más viejo mejor. Si lo seguimos, vamos de añejos a declinantes, esto es, no solo envejecemos, sino que también crecemos en sabiduría. Como un grupo de ancianos, de una casa hogar descubrieron siguiendo el corazón de uno de ellos, iniciaron una red en el internet donde hicieron su experiencia disponible a aquellos necesitados de orientación y necesitados de consejo. Comenzaron a recibir cartas y se reunieron dos veces por semana, para dar opiniones de reflexión y compartir su sabiduría.

La respuesta creció en miles de cartas por año. Y fueron efectos colaterales, maravillosos: elevaron depresiones de muchos de los ancianos quienes fueron sujetos de consejos; se estimularon sus mentes al encontrar nuevos significados en sus años posteriores y en algunos casos extraordinarios, esos ancianos pudieron reducir, detener y aun revertir procesos dolorosos. De entre algunas de las tendencias de estos "sanos mayores" hubo su capacidad de tener vidas significativas e intimidades.

Ese factor del corazón ya había sido identificado por el doctor Dean Ornish, que señaló en su libro "Amor y sobrevivencia" que el "Amor y la intimidad es más significativo para la salud del corazón que las dietas, ejercicios, dejar de fumar, medicación y aun cirugías". Y mantuvo en mente que las enfermedades del corazón es el asesino número uno en los Estados Unidos.

Pero, como nuestros sanadores tradicionales suelen decir, "Nuestras relaciones son esenciales para nuestra salud". Nuestra actitud hacia nuestro corazón puede determinar la salud de la mente. Recuerdo un antiguo paciente quien solía sentarse por días, a quien le daba inexplicables estallidos de urgencia cuando decía que necesitaba ir a Chicago. A esos momentos acudían las enfermeras a detenerlo y calmarlo hasta que esta urgencia bajaba de nivel. Un día, yo decidí seguirle la corriente. El dijo que necesitaba llegar a Chicago, y le dije que yo iría con él. Me miró con gratitud, y tan pronto como llegamos a la puerta de salida del Hospital, el hombre se soltó llorando. Yo me hinque a su lado y me dijo que su única hija había vivido en Chicago, que el había sido muy necio para expresar su amor por ella, y que ella había muerto sola en Chicago. Ahora él sentía la urgencia de hablar con ella, y que él se decía a sí mismo que ella estaba viva, en algún lugar en Chicago.

Yo lo alenté a que hablara con su hija, que dejara salir de su pecho las palabras, que le hiciera saber como el estaba sintiendo. Y aquel hombre habló y lloró por un rato, yo arrodillado ahí, a su lado. Comprendí que su cabeza había reventado, porque él había mantenido su corazón para que no se reventara. El corazón pudo haber sido mantenido sin romperse a expensas de lo que el sabía y para el haciendo diferente la realidad. Pero ahora que su corazón había sido reventado abiertamente, su pensamiento encontró la manera de juntarse. Unos días después, el hombre dejó el hospital para siempre y para nunca tener un estallido mental nuevamente.

Hay una voz dentro de nuestro corazón a la cual debemos escuchar. Esa voz ha sido conocida a través de los años como "vocación". Con ella, nuestra máscara cae y emerge nuestra cara auténtica. Nos convertimos en "sinceros", sin maquillajes. Nos convertimos en genuinos, honestos, no necesariamente buenos. Tú ves, cuando somos buenos, no necesariamente nos hacemos así completamente. Nos filtramos nosotros mismos y dejamos fuera aquello que consideramos inadecuado para este mundo. Con el tiempo, la parte de nosotros puede crecer hasta enormes proporciones y lo no sanado puede presentarse sin dirección y esta parte escondida de nuestro ser. Con sinceridad nos hundimos profundo en las aguas de nuestro ser y nuestro corazón puede encontrar expresión en el mundo. Honrando esa vocación podemos encontrar realización aun cuando otros puedan ver cosas muy diferentes a lo nuestro. Tomemos a Van Gogh por ejemplo. El nunca vendió una sola de sus pinturas, pero nunca dudó que era un pintor: su arte se convirtió en la ventana de su alma, el espacio para sus aguas internas flotando en el mundo. Ahora, miremos a su opuesto Adolfo Hitler. El también fue un pintor. El desistió de la pintura y se convirtió en "artista truncado" (un artista escapado del pasaje del éxito y sus aguas no realizadas las convirtió en combustible para su destrucción). Si yo tuviera el poder y el regresara al mundo otra vez, yo lo colocaría como un elegido bajo la guía de un sabio mentor quien le enseñara honrar su vocación, conocer sin la más mínima duda que el era un artista, y que su corazón era un logro en sí mismo. El probablemente iría por el mundo como cualquier otro ser humano pero plenamente satisfecho. Su gran contribución al mundo es no en lo que hizo, sino más que nada, en lo que le falto por hacer: ese monstruoso lado que él no alimentó porque estuvo muy ocupado realizando el llamado de su corazón.

Sigue tu corazón. Tu nunca sabrás cuanto salvaras por este acto, incluyéndote tú mismo.

Nos han contado en una historia India de un anciano enseñando a su nieto que todos tenemos dos lobos que viajan con nosotros toda nuestra vida. Uno bueno, el otro malo. "Pero abuelo — pregunto el niño— ¿Cuál de ellos ganara al final? A lo cual el anciano respondió. "El que escojas alimentar más, por supuesto". Y eso es verdad: aquel que nutras más, crecerá más.

¿Cómo honramos nuestras más profundas verdades? Toma algún tiempo y escucha a tu corazón. ¿Qué dice? Solamente imagina que tu estas a punto de tomar tú último aliento.

De repente, te encuentras sumamente interesado en aquello que, hasta entonces, te pasó desapercibido. Por un momento, ves lo preciado de la vida, el milagro de tú respiración y latidos de tu corazón. Si estuviera ahí solo una persona con la que pudieras hablar, ¿Quién sería?

Encuentra esa persona. ¿Qué le contarías? Deja al agua de tu profundidad que salga y corra. En palabras de un poeta, "mi corazón ha crecido en profundidad como los ríos". Aquí residen las aguas eternas de la vida, las cuales solamente viven en amor perfecto. Ahora, con esta internación de lo que es esencial en la vida, sigue adelante, respirando, consciente de los latidos de tu corazón, y sobre todo, de la voz que habla en tu corazón, tu verdad para el mundo.

Max Ehrmann, el autor de Desiderata", nos habla con esa voz sin tiempo cuando dice:

"Ve plácidamente en medio del ruido sin tener prisa,

y recuerda cuanta paz puede haber ahí en silencio.

Tanto como te sea posible sin rendirte mantén buenos

términos con todas las personas.

Di tu verdad serena y claramente;

y escucha a los demás,

aún al tedioso, aburrido e ignorante;

ellos también tienen su historia.

Evita a personas ruidosas y agresivas;

ellos son vejación para el espíritu.

Si tu te comparas con otros,

te convertirás en vanidoso y amargado;

porque siempre habrá personas más grandes y menores que tú.

Disfruta tus logros tanto como tus planes.

Mantente interesado en tu propia carrera, sin embargo humilde.

Es una real posesión en los cambios de fortuna en el tiempo.

Ejercita cautela en tus asuntos de negocios;

el mundo está lleno de trucos.

Pero, no dejes que esto te ciegue para cuanta virtud haya;

muchas personas compiten por lograr altos ideales.

Y donde quiera la vida está llena de heroísmo.

Se tú mismo.

Especialmente, no finjas el afecto.

Tampoco seas cínico en los asuntos del amor;

en la cara de toda aridez y desencanto es tan

perenne como la hierba.

Toma con bondad el consejo de los años,

graciosamente venciendo las cosas de la juventud.

Alimenta la fuerza de tu espíritu que te sirva de escudo ante repentinos momentos de mala suerte.

Pero no te aflijas con oscuras imágenes.

Muchos temores nacen de la fatiga y la soledad.

Más allá de toda disciplina.

Se benigno contigo mismo.

Eres una criatura del Universo,

no menor que los árboles y las estrellas

tienes todo el derecho de estar aquí.

Y ya sea que lo tengas claro o no

no dudes el universo se está desenvolviendo como debe ser.

Por tanto, está en Paz con Dios.

Como sea que tu lo concibas,

y cualesquiera que sean tus trabajos y aspiraciones,

en la ruidosa confusión de la vida mantén la paz con tu alma.

Con todas sus falsedades, afanes y sueños rotos es aun un bello mundo.

Se optimista, esfuérzate por ser feliz.

¿No es un hermoso poema?

Los latinos tienen una palabra para describir el fenómeno conocido en el campo de la medicina transpersonal como "mente no local", esa fuerza por la cual el pensamiento viaja sin tiempo ni espacio de un punto a otro. Esa palabra es "corazonada" el conocimiento del corazón.

A mi abuela se le dieron esos mensajes. Ella sabría, por un instante, si uno de mis tíos estaba enfermo, aun cuando esto estaba sucediendo a muchos kilómetros o millas de distancia. Después de telegrafiar sabríamos, confirmábamos el suceso.

Yo le preguntaba: Abuela ¿Cómo lo supiste?

Ella respondía "mi corazón me lo dijo".

Conocimiento que va más allá de nuestra comprensión. Yo frecuentemente les pregunto a los muchachos de secundaria, "Si tuvieran la atención no dividida de toda la humanidad y ustedes confiaran que su consejo sería obedecido, ¿qué dirían?

Siempre me ha movido la voz de la sabiduría que proviene del corazón. He visto a adolescentes con tatuajes, arillos en casi todas las partes de su cara, el pelo parado como de alambre; hablar de perdón, honestidad y solidaridad. Los he visto con coraje descubriendo sus experiencias de sufrimientos y la diferencia que la bondad y el no juzgar puede hacer. Y esa voz vive en cada uno de nosotros si bien raramente expresada en la vida diaria. Por eso es que tenemos que crear espacios donde la voz del corazón pueda ser oída. En campo indígena, estos procesos son facilitados por el "círculo de reunión". En este círculo, una persona habla sin ser interrumpida y es requisito hablar desde el corazón. El círculo va dirigido a ayudar a cada participante a descubrir su, él o ella, propia verdad. La presencia de cada uno es no para ser invasora o invasiva o evasiva, sino para dar a cada uno un "espacio" en la atención de los demás donde pueden venir a dar en totalidad su ser. En este círculo de comunicación, cada persona habla desde el lugar donde se convierten en "autores" de su propia vida. Porque hablan desde este lugar con toda "autoridad" conferida por su experiencia de vivir. Lo que comparten no es solo conocimientos sino sabiduría propia.

Recientemente, después que dí una charla en un auditorio a escolares de mediana edad, una muchacha se dirigió a mí y me contó que su padre, un pastor del pueblo que había yo pasado, para llegar ahí. Su padre le había enseñado a tocar la flauta. Ella hizo una pausa, su maestro, parado junto a ella, pude ver que le dio gusto que la muchacha se atreviera a abrir su corazón.

Yo le dije "Déjame adivinar", "Tú no has tocado la flauta desde que murió tu padre". La joven asintió y llevando su mano a su corazón, me dijo, "he estado aguantándome tanto". Yo le sugerí "Cuando llegues a casa tienes algo que hacer", ella me dijo "Tocar mi flauta" y por primera vez ví, luz en sus ojos. Yo le dije, "Tu padre vive en su amor por ti", y cálidas lágrimas corrieron por su rostro.

Yo continúe con el círculo y me aseguré que amables amigos de la chica estuvieran cerca para que pudieran comentar y acompañar a la chica en su sentimiento. Palmer Parker nos dice que la vedad es "una conversación eterna acerca de cosas que, en ese momento, son importantes, conducidas con calidez y disciplina. "Y esta es la verdad que abraza cuando hablamos y oímos desde el corazón".

La gente de agua hará bien, si hacen un espacio de tiempo para soltar el agua. Es mejor si lo hacen en la naturaleza, en arroyos, ríos o en océanos. Tomando buen aire y visualizando el correr del agua entrando en sus cuerpos.

Y si hay tristeza en el corazón, entonces esa tristeza puede ser soltada con un salmo del Viejo Testamento o un poema que hable a nuestros corazones. Garrison Kilo ha hecho un par de CD´s con el mejor poema grabado en sus mejores años por la radio. Esos son poemas dignos de escucharse desde el corazón.

Coleman Banks ha traducido cientos de poemas de Rumi y les ha prestado su voz, especialmente clara, en algún CD´s. Alberto Villoldo, quien ha pasado muchos años estudiando con chamanes indígenas, nos dice que lo que tienen en común es su habilidad de entrar a la realidad del mundo de la poesía.

Su corazón habla el lenguaje de todas las criaturas, incluyendo jaguares y águilas, osos y mariposas.

No hay fronteras para nuestro corazón cósmico, siempre y cuando tengamos el valor y coraje de mantenerlo abierto. Stephen Levine, quien ha pasado toda una vida trabajando con el área de la muerte y amigos moribundos, nos habla de que nuestra transformación depende de nuestra habilidad de mantener nuestro corazón abierto particularmente en momentos de dolor y tristeza.

Y siempre tenemos esa oportunidad: podemos transformar nuestro corazón en un muro o en un puente. Nuestra respuesta depende de la vida que escojamos.

Victor Frankl, el psicólogo quien paso años en un campo de concentración Nazi, dijo que encontró ahí, cuando estaba en su estado más deplorable de vida, un poder y una fuerza que nada ni nadie pudieron arrebatarle: el poder de escoger su respuesta ante cualquier situación y que este poder le dio la capacidad de respuesta necesaria para sobrevivir en salud, amor y sentido de libertad como ser humano.

Pero el sufrimiento no es la única vía por la que podemos realizar esa extraordinaria realización: la visión y el amor son también caminos para el logro de ello. Un viejo refrán nos dice: "El sufrimiento te empuja hasta donde la visión te jala". Y es verdad. La visión nos inspira para traer todo un mundo a nuestra existencia; es el movimiento por el que vienen todas las cosas a la realidad, una de las cualidades que comparte con nosotros nuestro creador.

Los antiguos chinos llamaron a este poder "TAO", el sendero de la vida. Con nuestro corazón, nuestras aguas se convirtieron en la corriente de nuestra energía en el mundo, todas las emociones siendo bienvenidas al campo de la vida. Aquellos que enuncian las aguas frecuentemente prestan palabras a las emociones de las personas, como John Newton quien escribió con gracia sorprendente su conversión del corazón y habiendo sido una ocasión comerciante de esclavos, se convirtió en un dedicado abolicionista. Sus palabras, "Admirable gracia, como el dulce sonido que salva un arranque como el mío, porque me hallaba perdido y ahora me he encontrado; estaba ciego pero ahora veo". Son palabras que nos elevan a todos. Y Maya Ángelo dice que sabe porque las aves enjauladas cantan. Ella lo sabe desde su corazón:

El ave libre brinca
en la espalda del viento
y flota río abajo.
Hasta que la corriente termina
y sumerge sus alas
en los rayos naranjas del Sol
y se atreve a reclamar al cielo.

Pero un pájaro que está al acecho

desde su estrecha jaula.

Apenas puede ver a través de

las barras de su cólera.

Sus alas están cortadas y

sus patas están atadas.

Así que abre su garganta para cantar

El ave enjaulada canta

con fiero canto de cosas desconocidas

pero alargándose de su inmovilidad

su tono es escuchado más allá de la colina distante.

El ave enjaulada canta de libertad.

El ave libre brinca y salta

Sobre la espalda del viento

y flota por la corriente río abajo

hasta donde termina la corriente,

y sumerge sus alas

en los rayos naranjas del Sol

y se atreve a reclamar al cielo.

Pero un pájaro que acecha

bajo su estrecha jaula

apenas puede lograr ver a través

de sus barras de coraje

sus alas han sido recortadas y

sus pies atados,

así abre su garganta para cantar.

El pájaro enjaulado canta

con temeroso gorjeo

de cosas desconocidas

pero alargada calma

y su tonada es escuchada

en la colina distante porque el ave enjaulada

canta de libertad.

El ave libre piensa en otra brisa

da un cambio suave sobre suspiros de los árboles

y los gordos gusanos esperando en una parte brillante de los prados

nombrando al cielo, suyo.

Pero un pájaro enjaulado espera en la tumba de sus sueños

su sombra grita con un grito de pesadilla.

Sus alas están cortadas y sus pies atados

así que abre su garganta para cantar.

El pájaro libre salta

en la parte posterior de la victoria.

Nuestro corazón es la fuente de nuestra más profunda concentración interna.

¿Qué es eso que tu corazón te dice? Deja que tu corazón te diga, encuentra su voz y ayuda a otros a encontrar la suya. Esta determinación, según Stephen Covey, es la más grande habilidad, que el la llama "el 8° hábito".

Emily, mi hija más joven, es una niña agua. Siente profundamente y es una magnifica observadora de vida. A la edad de cuatro hizo su primer poema, cuando contesté una de sus preguntas que tuvo que hacer sobre el movimiento de la luna y las estrellas. Esto es lo que Emily dijo: "El cielo es azul, las nubes son rojas y la luna y las estrellas están durmiendo en su cama".

A la edad de ocho años, al ir manejando por la carretera de French Gulch, espontáneamente dijo "algunas veces, las nubes en el cielo se convierten en el camino al cielo".

Y cuando su amada gata murió a la edad de 3 años, Emily hizo un poema, para honrar su memoria con una foto de la gata en nuestra sala de la casa. "Calabaza" le puso por nombre, porque ella tenía un pelaje naranja y había aparecido entre nosotros durante la temporada del Halloween. Y había tristeza y contentamiento en el corazón de Emily, su tierno corazón tan grande lo suficiente para las dos, que los Brasileños refieren como "saudachi", tristeza-nostálgica.

La gente agua también se desarrollan a través del viaje por la vida. Cuando son niños, tienden a vivir en la realidad de sus emociones: Lo que sienten en su criterio por la realidad. Fácilmente toman las cosas en su corazón y frecuentemente son dañadas por conductas que para otros pasan desapercibidas. Haremos bien en ayudarles a asimilar lo que esté sucediendo en su corazón. Frecuentemente traen una alta sensibilidad a su ambiente social. Para ellos, nada está demasiado lejos. Una foto cualquiera en el periódico, puede estar presente en ellos. Como un niño que aprendió de la necesidad del agua en África y se vio involucrado en captación de fondos para hacer un pozo. Eso se convirtió en una de sus tareas, la foto que pusimos en nuestra mesa, acompañada con un sentimiento solidario. El pozo fue construido y la gente del poblado estaba pendiente del nombre del niño y bautizaron al pozo con su nombre. Niño de agua. El mantuvo su sentir hasta que encontró su respuesta.

El agua es la solución: su acción, la respuesta

La vida del niño se completó. Pero el sentimiento solo sin acción puede convertirse en fuente de sufrimiento. Esta es la razón de porque maestros sabios dicen que el sufrimiento es un llamado a la acción, no solo para nosotros para afligirnos con emociones que provocan daño o pena. Sentir, hacer. Esa es la naturaleza de la corriente de agua. Esto es el porqué la Dama del Lago aparece frente al Rey Arturo, y le entrega la espada, ESCALIBUR, para traer justicia al mundo. Del llamado del agua, Jesús dijo: "Benditos sean aquellos que lloren por la justicia, porque su reclamo será logrado".

Tomás de Aquino dijo que había algo equivocado con aquellos que son imperturbables ante la injusticia del mundo. Dijo que hay algo como "coraje por lo correcto". Hay ciertamente, el extremo del coraje negativo, iracundia, violencia, cólera y su opuesto, ser llorón. Pero en medio de ambas actitudes extremas en el área de "manas inominata" (en el campo innombrado) vive el coraje virtuoso, la indignación por la razón contra abusos e injusticias, ese lugar desde el cual se levanta Gandhi, Mandela o una Helen Caldecott. La Pediatra que abandonó su práctica para denunciar las armas nucleares y su proliferación en el mundo. La gente de agua son frecuentemente llamados para cumplir tareas que parecen insuperables. Tal fue el caso de la primera estudiante femenina que por primera vez admitieron en la Escuela de medicina, en Italia, a finales del siglo XX María fue cordialmente recibida por sus maestros y colegas, para enfrentar un juicio por incendio. Se le había asignado a la sala de niños retrasados mentales, la más pobre de las salas pobres en el Hospital Central de Roma.

Rodeada de estos niños, María sintió su corazón desgajarse, agua muy abundante en su corazón. Fue entonces que ella oyó estas palabras de poder que frecuentemente acuden en auxilio de la gente de agua: "Cuando tú llegues al final del camino, el viaje comienza".

Y efectivamente, ahí comenzó su viaje. Se levantó de nuevo, vio a los niños y los vio como infantes. ¿Qué es lo que necesitaban? Estudiar, aprender, crecer.

Necesitaban que se les devolviera su niñez. Esto fue lo que su corazón le dijo. No le dijo cómo: solo que necesitaban hacerse, lo que era menester, justo. Y apareció la Espada. Su voluntad se volvió inquebrantable, su amor ilimitado. Y ella hizo su camino, andando. Se enfocó en cada uno de esos niños y les permitió que la guiaran en sus esfuerzos de enseñarles. Y enseñándoles aprendió.

Y en el proceso trajo hacia afuera un método que aun ilumina las vidas de incontables niños de todas partes del mundo. Mucho me alegro de que no se rindió. Estoy muy contento porque soporto, resistió, aguantó y fue a la distancia y escuchó su corazón. ¿Su apellido? Montessori.

John Lenon una vez dijo "No hay problemas solo soluciones" y esas son palabras que prueban fehacientemente la verdad por compromiso de la gente de agua.

Pero si hemos de sobrevivir en agua, haremos bien en convertirnos en peces. Una creatura que puede respirar bajo el agua. Es por demás interesante que el pez fue símbolo de cristo entre los antiguos cristianos, hay leyendas abundantes alrededor de la vida humana como creaturas que vivían bajo el agua. La sirena, por ejemplo, caracterizada por su voz extraordinaria. Puede ir más a fondo y buscar y ayudar a aquellos quienes están bajo las aguas y traerlos de regreso al aire de la vida. Adolescentes de agua están motivados por lo que los psicólogos llaman "pensamiento emocional". Esto le da un sentido dramático, como si fueran caracteres sacados de una obra Shakesperiana.

En ello, el sentimiento de Shakespeare se eleva en un sentido de "inventando el carácter humano", porque con el, vemos a individuos, cambiar, elevarse y articular su vida interna.

Los adolescentes de agua así también desarrollan lo que Erick Erickson llamó "esquizofrenia experimental", esto es, el usar diferentes maneras de ser, como si fueran diferentes caracteres adueñándose de la persona.

No se apuren, esto pasara. Y esta habilidad de tomar diferentes caracteres pueden convertirse en una habilidad más que puede llegar a tonos de maestría sobre la inteligencia emocional, su capacidad de comprender y de tratar con sus emociones y las de los demás que les rodean. Los investigadores han encontrado que la inteligencia emocional es de una relevancia superior que la inteligencia mental para determinar, soluciones de conflictos y proporciona un sentido de éxito en la vida, relaciones más significantes y resilencias, la habilidad de rebotar situaciones en tiempos de dificultades.

Miguel de Cervantes Saavedra, contemporáneo de Shakespeare — quien coincidentemente muere el mismo día que Shakespeare — autor de "Don quijote señor de la Mancha", nos dice, que tenemos dos caracteres principales. Uno de ellos, un tipo bajo de estatura y gordo, que es Sancho Panza ayuda de Don Quijote, quien depende mucho de la Lógica y la razón. La historia nos enseña que vamos a tener que necesitar ambos de ellos durante la travesía por la vida. En otras palabras, necesitaremos de sentimientos y pensamientos, intuición y razón, de las partes derecha e izquierda de nuestros hemisferios cerebrales si es que vamos a superar los retos de la vida. La gente de agua alcanza su madurez cuando escuchan a ambas partes de su cerebro. De esto depende su equilibrio y balance.

Las personas de agua de mayor edad tienden a estar con sus sentimientos; magnifica actitud si lo que reside en sus sentimientos son de alegría y disfrute. El problema se presenta cuando ellos enfocan su atención en la inclemencia de su viaje por la vida: penas, sinsabores, traumas, descontentos. En esto, se puede beneficiar a través de enfocar su atención deliberadamente a técnicas de enfoque, donde identifiquen los momentos felices y los visiten frecuentemente bajo una base de manera diaria. La felicidad es una preferencia. Si mantienen la actitud de nada más, manteniendo su actitud de "tal vez" fuera de su vida. Como el adulto mayor de la siguiente historia: Hace mucho tiempo, vivió un anciano muy sabio que tenía un hijo joven. Un día, un joven caballo entró en sus corrales y ahí se estuvo. La gente de la aldea le dijo al anciano "que maravilloso usted tiene un caballo por el cual no ha tenido que pagar nada" pero todo lo que el anciano dijo fue "quizá".

Al día siguiente, los sirvientes del Rey vinieron con el propósito de tomar a todo hombre joven, para servir en la milicia del reino, pero viendo al hijo del anciano con una pierna rota, no quisieron llevárselo, ahí lo dejaron, en la aldea. La gente entonces le dijo al anciano "que afortunado es usted, la pierna rota le permitió a usted quedarse con su hijo. El anciano solo dijo "tal vez", y la gente dijo," anciano el caballo se ha ido, eso es ciertamente una tragedia, ninguna cosa buena puede venir de esto" pero el anciano solamente contesto "quizá". Al día siguiente, el caballo salvaje regresó al campo del anciano, esta vez trayendo con él a otros caballos salvajes. La gente del pueblo comentó, "esto sí que es extraordinaria fortuna ¿no cree? Pero una vez más el anciano sabio solo sonrió y dijo "puede ser". El hombre anciano tiene un mensaje para todos nosotros.

Se mantuvo abierto y centrado al ir pasando el día haciendo buen uso de todo lo que viene y no dejándose deprimir sobre la cambiante naturaleza de la vida. Nosotros haremos bien si hacemos lo mismo.

AIRE

El aire representa la mente, la gente que ve y experimenta el mundo lo ve a través del cristal de su mente. Así como las gentes de Tierra son personas centradas y las de agua personas también centradas, las gentes de aire están centradas en su mente. Es el principio guía de sus vidas. Su reto es salir de su cabeza. Porque de la constante aplicación de sus mentes, tienen una tendencia de perderse en los pensamientos. Aun cuando el pensamiento les provee con un fino instrumento para analizar el mundo, sus relaciones y la manera en que están manejando sus retos en la vida. Frecuentemente la gente de aire juega el papel de consejeros o líderes en sus círculos sociales; cuando están creciendo, sus perspectivas tienden a ser más racionales y responsables que aquellas que salen de los adultos que los rodean.

Imaginan sistemas y formas y son contrarios a tomar las cosas personales. Nos han dicho que Vladimir Ilich Lenin, autor de la Revolución Rusa habiendo sido capturado por sus contrarios, analizó la situación y le dijo a un amigo "ya verás este es el momento cuando nos van a matar". Entonces procedió a decirles a sus camaradas todas las razones del porque sus opositores escogerían ese momento para sacarlo. Cuando esto no sucedió y los camaradas estaban celebrando el estar vivos, Lenin solo sacudió la cabeza y dijo: "Ellos simplemente no supieron cuando tuvieron la ventaja".

Esos son comentarios de una persona de aire: ellos nunca pierden su sangre fría, solo consideraron su situación, revisaron sus opiniones y se ocuparon de los problemas.

Recuerdo creciendo, a Martín mi hermano más pequeño, le dieron un juguete precioso de Navidad. El camión se movía solo sin baterías o conexión eléctrica: solo necesitaba el ser estimulado con un cran por algún tiempo y saldría disparado por sí mismo. Unas horas más tarde, mis padres encontraron a Martín en el piso, había desarmado el juguete en sus partes, observando cuidadosamente cada parte. Le advirtieron que no volverían a darle regalo por algún tiempo, él no entendió por qué. Para él lo principal fue descubrir como el camión funcionaba. Siendo un niño y centrado en su ego, en su comprensión de los demás, el se figuró que ellos estarían igualmente interesados de cómo el camión funcionaba. Focalizar es la fuerza más intensa que tienen las gentes de aire y es también su debilidad más grande. Recuerden, cuando la gente esté en "punto cero" (el punto que les da el perfecto equilibrio) ellos aplican su inclinación sin cuidado alguno, lo cual les da habilidad (o virtuosidad). Cuando están fuera de equilibrio, su inclinación se convierte en adhesión es entonces que problemas o desequilibrios aparecen. En el caso de persona de aire bajo presión, tiende a obsesionarse por sus enfoques, tienden a convertirse extremadamente enfocados, lo cual les hace presentarse insensibles porque ellos simplemente están enfocando extremadamente su punto de vista, con lo cual determinan la prioridad del tiempo y el espacio. La gente de aire está particularmente atentos de la multiplicidad de perspectivas que pueden llevarse a cabo más allá de objetivos para el mundo.

Si por ejemplo, ven una persona que no siempre hace su cama no apresuran sus juicios. Consideran todas las posibles razones de porqué tal persona se comporta de esa manera. Consideran que tal vez sea una persona a la que le guste sentir que está cuidada o protegida o que tenga muchas necesidades prioritarias a esa. También equilibran el orden en el trabajo como en casa. Y la búsqueda por explicaciones pudiera continuar por algún largo tiempo, la gente de aire ve los muchos mundos que viven en nuestro mundo. Para ellos, la mente es el mundo a ser vivido y explorado, ellos son mentes viendo otras mentes. Se aventuran en el mundo de las ideas, el campo de las ecuaciones, de las causas, de las explicaciones; disfrutan resolviendo o figurando nuestras soluciones, para ellos la perspicacia en los principios que afectan al Universo les da su mayor gorjeo.

Esto es como un sabio hombre griego, quien declinó ser el rey de su país el no cambiaría un reino por la experiencia de descubrir cómo trabaja el mundo. O Arquímedes quién, a punto de ser asesinado por un soldado invasor, fue absorbido por ecuaciones que había escrito en la arena y no era distraído por la inminente amenaza que había visto llegar. Una mente, tan real, que el mundo ordinario simplemente desaparece. Buda dijo: "Todo empieza en la mente, así como tu mente es así es tu comportamiento y tu destino".

Y miles de años después, Ernest Jones fundó su escuela de ciencias de la mente bajo este mismo principio. Para ellos el mundo aire era el dominio esencial en la vida. Pero ¿Qué es la mente? La asociación con Aire no es algo que nace así nada más. El mundo físico puede ser visto y sentido; el mundo emocional -el de agua- puede ser extraído del mundo físico y puede ser sentido.

Pero el mundo mental, que uno no puede ver, ni sentir: es invisible y es vasto como el aire. Aquellos que estudian la mente, nos dicen que hay cuatro estados de la mente: El primero es nuestro andar consciente, el que usamos cuando estamos despiertos. El segundo es nuestro soñar consciente: esta conciencia opera cuando soñamos, somos autores de toda esa creación. Esto es por qué ha sido llamada "conciencia reveladora" porque revela nuestras más profundas maquinaciones. Nos muestra a través de nuestras creaciones. No todo nosotros sino esa parte que es guardada del mundo. Esa que guardamos aun de nuestra propia conciencia. Esto es porque esta conciencia ha sido también llamada la segunda conciencia u "otro ser", lo que los antiguos Toltecas llamaron "Cuate", el otro yo. El tercer estado de conciencia es cuando nosotros alcanzamos el sueño profundo no soñando. Aquí, no tenemos, imágenes, solamente vacío, ser. Ese es porque ese estado de conciencia fue llamado "cero" por los Mayas, porque es vacío e infinito. El problema es que no tenemos las experiencias de estos tres dominios integrados. Cuando despertamos, nos encontramos en desacuerdo, en pugna con nosotros mismos; no vemos ni experimentamos conscientemente nuestra unidad esencial. Nuestro caminar en sí mismos nuestro soñar en sí mismos y dormir en sí mismos están desasociados de entre cada uno en nuestra conciencia. Sin embargo, cuando uno es capaz de experiencias conscientes de la unidad de nuestros tres sí mismos, entonces esa persona alcanza integrar su mente, iluminación y los cuatro estados.

56

Este cuarto estado de conciencia fue estudiado por Gurdieff y sus discípulos hace años. Una persona de aire Norman Vincent Perl honestamente creyó, que el problema podía ser solucionado con pensamiento positivo, su libro "El Poder del Pensamiento Positivo". Ahora, sin embargo, estamos viendo numerosos problemas que se derivan, precisamente por la obsesión humana por el pensamiento y la mente. Nuestro ser, no se encuentra con la mente, porque la mente es el producto del tiempo y espacio y nuestro ser no está confinado al tiempo y espacio: es sin tiempo ni límite, nuestro ser es experiencia. Así como soy y no somos una cosa, así, no-cosa, cero, es también infinito.

Esto es porque ahora la gente de aire nos está llevando a la frontera final, la que se encuentra más allá de la mente, la uno de ser. Para poder entrar a este dominio, los maestros de este sendero, usan el poder del AHORA, quietud y presencia cultivada en el momento. Aquí encontramos a Eckart Tolle, el Sendero Budista, y las escuelas de meditación de naturaleza contemplativa.

La práctica del Zen parece haber sido desarrollada, para llenar las necesidades de equilibrio por la gente de aire. Con el Zen, uno tiene que truquear la mente en sentido de cultivar el testigo, la parte nuestra que experimenta la mente, pero no es la mente. Con este elegante acercamiento, la mente esta puesta en insalvables situaciones, que nos coloca donde dejamos el pensar por el ser, un paso que Descartes, el fundador de la ciencia moderna no pudo dar. Palabras, pensamientos, son indicadores de experiencias, pero no experiencias en sí mismas; son el mapa pero no el territorio. Todos recordaremos el principal carácter de Will Hunting. Él fue un brillante joven, que uso su mente para proteger su corazón de los tormentos del mundo. Su precio fue que aun protegido su corazón nunca permitió a nadie en él. Su apertura viene cuando abraza su sí mismo de cuando experimenta amor, y cuando acepta las imperfecciones en sí mismo y de los demás. La excelencia es una de las tendencias de la gente de aire. Nada tan preciso como la mente para apuntar a la más alta cumbre de la montaña; por el mismo símbolo o marca, cuando fuera de equilibrio, perfeccionismo y obsesión aparecen y pueden consumir la energía de la gente de aire. Algunos han encontrado escrito, un magnifico vehículo para soltar la mente al mundo. Sus mentes no paran de hablar, ellos permiten a sus voces que tomen forma, se conviertan en ideas y caracteres, y se conviertan en conceptos abstractos, más sin embargo permaneciendo en el mundo de la mente y dando órdenes. Ese fue el mundo primordial, desde el cual el más elevado mundo emerge. Este fue el lugar de las "ideas" (espíritus vivos) según Platón, quien vio en el mundo material una constante devaluación de ideas, el mundo de los dioses.

La gente de aire tiende a tener intensiva resistencia de pensamiento que solo unos cuantos pueden mantener. Aun cuando, tienden a exasperar a otros. Esto es la razón de porqué; pueden encontrar refugio en la lectura, o analizando, o revisando o procesando información. A veces, es como si tuvieran una mente Laser que proyectaran donde quiera que pongan su voluntad. Y esa es otro de sus características: tienden a tener una voluntad férrea, frecuentemente concluyente que son ellos quienes entienden mejor y la solución la tienen ellos de cualquier problema. Actúan solos, mejor que en grupo, y tienden a confiar principalmente en sus propios recursos personales. No que no piensen que otros sean dignos de confianza solo que creen que otros estén a la par de sus preferencias y habilidades.

Hay dos agentes principales que tratan con la mente: el Ego y el Sí Mismo. La gente mental pueden darse en cualquiera de ambos agentes. Nos han dicho que el Ego es un magnifico ciervo pero un terrible amo. El Ego se basa en la percepción del propio ser como separado del resto del Universo; Si mismo, por otra parte, es la experiencia de unidad y ser con todo. La gente de aire puede adoptar cualquiera de las dos perspectivas. Cuando ellos están en el Sí mismo, todos hacen alarde a su alrededor y son transparentes y no enjuiciadores. Cuando están centrados en el Ego y este es inflado por propia importancia y un sentido de separación de otros, la arrogancia y propia presunción toman también importancia, haciéndolos no permitir ningún acercamiento y frecuentemente se sienten juzgados por los demás. La gente de aire, cuando están equilibrados, tienen un extraordinario poder para inspirar a otros." Inspiración" del griego "in spiritus", literalmente "en espíritu". La gente de Aire, frecuentemente toma la visión y la manera de traer las cosas a realización, por lo tanto, frecuentemente toman el papel de líderes de los demás siendo el más efectivo cuando su Ego está bajo control y cuando lo hacen de mala gana. Cuando junto con Lao-Tze pueden decir: "El mejor líder es inadvertido, el siguiente mejor es el que es adorado, el siguiente el que es temido" Cuando el mejor líder manda y la gente logra su meta, dicen "Lo hicimos nosotros". Uno de los mejores remedios para el excesivo pensamiento es actuar sin pensar. El otro es la música, una melodía que robe el alma. Entonces podemos decir que Beethoven, "la música es el lenguaje de Dios" y perderse en sonido, más que en pensamientos. La meditación activa trabaja maravillas para silenciar la mente como para los errores inintencionados y también el T'ai chi y el colorear mandalas. El caminar por un laberinto ha sido usado por gente de aire en todo el mundo. El alma escapa cuando la mente está sujeta.

Emerson mismo, una persona de aire, dijo una vez: "todo acto es precedido por un pensamiento". Así que la gente aire nos recuerda que la imaginación es la primera etapa de todos nuestros sueños, por lo tanto, hemos de trabajar diligentemente con nuestros pensamientos para traer el mejor mundo posible a nuestras vidas. "Yo tengo un tambor" exclamó Martin Luther King Jr., y muchos soñaron con él, porque recibieron las palabras, imágenes y visión articuladas por su visión de aire.

Aquí la inspiración, como aliento de aire fresco, levantó a otros. Necesitaban a alguien que fuera hasta la cima de la montaña y regresara con esa claridad de mente. Uno que puede ver en gran detalle y puede hábilmente levantar a otros para esta comprensión. Es por eso que, los líderes aire han sido representados por un ojo que lo ve todo. Uno que puede ser despertado en cada uno.

Es por eso que bajan como el aire. Son "Ecatl" (viento para los Toltecas); son el viento bajo las alas de otros; son el aire que sostiene a todas las creaturas de la Tierra, el "Sha" de los indios Lacotas; son el aire que restaura el orden de nuestro pensamiento, el "Maracame"—Luz en la mente—de los indios Huicholes. Son el aliento divino de Antiguo Testamento, la vida dando poder en el mundo. Y mucha vida puede ser dada - o tomada - con la mente. En términos de voluntad, la mente juega un papel extraordinario: si está basada en trascendencia, entonces cuerpo, corazón y alma son elevados; si está basada en negatividad, entonces cuerpo, corazón y alma serán afligidos de miedo, coraje, ansiedad y culpa. Emociones tóxicas serán una plaga, una peste para nuestro ser, propiciando que nuestros pensamientos, manufacturen químicos para nuestro sistema nervioso y condicionando nuestro estado de armonía o alarma el cual determinará nuestro estado de salud y bienestar. Lo que es más, la mente determina nuestro sentido de "salud subjetiva", esto es, nuestro sentido de ser enfermo sin que nos sintamos así. La mente puede determinar nuestro estado de ser. Este es el mensaje de liberación de la Yoga, sistema Hindú, desarrollado desde hace mucho tiempo, particularmente la forma de yoga que trata específicamente con la mente. "Agna Yoga", el sistema de yoga específicamente desarrollado por la gente de aire, es un sistema maravilloso que lleva a las personas de aire a dominios de la mente que solo ellos pueden lograr. Así como la gente de agua puede zambullirse en el mar sin fondo y regresar con la perla mágica, de la misma manera la gente de aire pueden ascender a la parte más alta, más allá del mundo y regresar con estrellas que otros pueden solo ver desde lejos. Pueden llevarnos más allá de los sentidos y revelarnos la esencia natural de la vida, el aspecto sin forma del Universo, ese lugar donde las leyes y principios gobiernan con inmensa precisión todas las manifestaciones de la vida. La gente de aire frecuentemente establece contacto con lugares de gran soledad. Pero lo que ellos ven, nosotros lo vemos todo con ellos. Su más profundo sí mismo es nuestro vínculo con ellos. Es el lugar donde somos todos uno; sin embargo, la gente de aire tiende a ser la primera en tener la experiencia de altura que ocasionalmente otros alcanzan a percibir y que no siempre es una experiencia de altura que eventualmente otros pudieran tener. Ellos son los visionarios. No es siempre una actitud de sentirse superiormente centrados que los haga sentir por encima de los demás; ellos están frecuentemente en términos de pensamiento, así que cuando pueden instruir o compartir sus conceptos de altura a otros, utilizando un lenguaje que mueve a otros, alcanzando un nivel de interdependencia que, mientras celebran sus regalos únicos, eso permite a otros compartir los suyos con ellos y formar un "nosotros" más alto.

La gente de aire. Hará bien en recordar que no es que tengan que descender para los demás, más bien es que ellos son los que pueden elevarse a nivel de su mente. Una de las epidemias de nuestro tiempo fue comúnmente conocida como "neurastenia", la cual significaba "cansancio corporal debido a intensa actividad de la mente".

Bien, la neurastenia es hoy en día la característica común de la mente en la humanidad. Todos nosotros, en diferentes grados, tenemos que superar esta condición. La Neurastenia ha sido agravada por nuestro ritmo de vida, abusos de la tecnología tales como los videojuegos y los instrumentos eléctricos y en general, nuestra moderna forma de existencia. Y en no otro elemento es esta presión tan desorganizadora y rompedora de ritmo. ¿Por qué? Porque la mente es la más compleja cualidad a nuestra disposición. La inflamación de la mente egótica nunca ha sido tan intensa en nuestra vida. La intensidad de esta condición solo puede ser equilibrada mediante descanso y silencio. Krishnamurti dijo que éramos eso que queda entre un pensamiento y el siguiente. La conciencia de ese espacio puede hacer maravillas para la gente de aire, restituyendo su estado de equilibrio. Anthony de Melo, sacerdote jesuita de India, desarrolló numerosas prácticas para facilitar esos estados mentales; así también lo hizo el padre Kindler, con su práctica de "oración concentradora".

Lo principal es el aislarse de la mente, dar un paso fuera de su influencia y experimentar un sentido de no-mente o aislamiento, quietud.

Los antiguos mexicanos hablaban de tres cuerpos principales: Uno de ellos, tenía su centro en el hígado y estaba limitado al cuerpo físico. El segundo cuerpo salía del corazón, con este, podíamos salir del cuerpo físico y navegar el mundo emocional y el de los sueños. Había un tercer cuerpo. Este tenía su origen en nuestra cabeza, pero no estaba limitado por ella. Este era nuestro cuerpo invisible, con el cual podíamos instantáneamente estar en cualquier lugar del Universo. Los curanderos tradicionales hacían uso de los tres cuerpos. La gente de aire, son los maestros navegantes del tercer cuerpo: una mente disciplinada puede ser un sirviente maravilloso de la mente universal.

Roberto Assagioli, fundador de enfoque terapéutico "Psicosíntesis", señaló el fenómeno de "subpersonalidades", los diferentes sí mismos relativos, que se hacían cargo de la voluntad del individuo. La tarea de terapia era la integración de subpersonalidades en un sí mismo básico. La gente de aire, son los más aptas para lidiar con subpersonalidades. Son también las que cuentan con la integración más alta de recursos en el campo mental dando una perspectiva de abstracción esencial al modo de ser. Un experimento creativo fue realizado hace algunos años, cuando un fisiólogo exploró las implicaciones de una sola respiración. Sabiendo de la existencia del átomo "Argón", un átomo neutro que existe en un uno por ciento de nuestra respiración, decidió seguir la cantidad de Argón emitido en una sola respiración durante un año. El número de átomos de Argón emitidos en una respiración correspondió a 3 seguido de 30 ceros.

Estos átomos saldrán de nuestras ventanas de la nariz al cuarto, nuestro más grande medio ambiente, alrededor del mundo. Si tuviéramos que regresar al mismo cuarto, un año después, cada una de nuestras exhalaciones contendría 10 átomos de Argón de esa una única respiración. Lo cual significa, que en nuestros cuerpos, ahora tenemos átomos de Argón que antes estuvieron en el cuerpo de Jesús y Buda y de todos nuestros ancestros. Como dijo una vez Walter Whitman "El átomo que te pertenece, también me pertenece" Eso fue verdadero en el sentido científico más profundo. Esto él lo supo por la Mente Universal, lo que su biógrafo Edmundo Bucke llamó "La Conciencia Cósmica".

Lo cual indica las dos modalidades principales en las cuales la mente puede ser usada.

Una es la Científica de un modo objetivo. La otra es la subjetiva, el modo místico. Ambos válidos y complementarios uno del otro. Haríamos bien en revisar el libro de William James "La variedad de experiencias religiosas" en el cual el fundador de la Psicología Americana, refleja en los distintos marcos que la mente puede tomar desde la identificación con el cuerpo, a la del espíritu y todas las que haya en medio de ambas.

Antiguos Curanderos creyeron que el aire tenía que ver con nuestra elevación o depresión sobre nuestro sentido de sí mismo. Esto fue porque los Españoles hablaban de "mal aire", como la causa turbadora de su mente. Por la misma vía también hubo "buen aire", el buen aire que elevaría nuestros espíritus. La gente de aire, puede llevar la carga más grande de aire, dependiendo de su habilidad de andar o no sobre su Ego. Un campo de aire desde el lugar de sí mismo se vuelve aire positivo; un campo de aire infundido por el Ego es un aire negativo, infundir es la acción de extraer de las substancias orgánicas las partes solubles en agua a una temperatura mayor que la del ambiente.

Los estados de la mente son contagiosos: los pensamientos de otros tienen un impacto en los nuestros y viceversa. Es recíproco, una mente elevada elevará a la baja. Es como la temperatura del aire frío se elevará con la introducción de aire caliente. La cualidad de la luz y la claridad es equivalente a introducir luz a un cuarto oscuro la oscuridad no se va a ningún lado, es la brillantez de la luz la que aparece y cambia todo el cuarto.

El buen aire carga a otros por su cualidad de levantamiento no es que seamos cuerpos teniendo una experiencia espiritual, más bien somos espíritus teniendo una experiencia física. Nuestro punto de referencia cambia de bajo a alto.

El buen aire afirma porque los trae a sus sentidos de presencia de su cuerpo, emociones y estados mentales, también afirma en su naturaleza trascendental y cambia sus sentidos de identidad de limitados a infinitos.

El buen aire acrecienta porque sintoniza a las personas con su aquí y ahora. El buen aire tranquiliza la mente, dando su sentido de paz y eventualmente alegría, así también la sonrisa de Buda, a quién le preguntan cuando abrió sus ojos, si él era Dios, y contesto "no"; le preguntaron ¿eres un ángel? nuevamente contestó ," no" y cuando le preguntaron entonces ¿que eres? simplemente contestó "estoy despierto". Ese despierto se eleva con el aire bueno, y puede ser compartido con el poder de uno. Uno individual que despierta genera un campo –un buen aire—que se vuelve disponible para otros. Son el equivalente de un electrón, el cual es una partícula—la individual—y a la vez son también olas—el campo de buen aire que alcanza a cualquiera. La ola de un solo despertar individual es tan suficientemente grande para circundar al mundo entero. Y la energía positiva generada con buen aire, puede neutralizar la negatividad de los muchos, ya que la energía soltada desde el punto cero es alineada con la consciente que sostiene a todo el Universo. Ese es el camino del TAO.

Creaturas aladas han sido simbólicamente asociadas con el mundo de los Dioses. La gente de aire dada su tendencia hacia el mundo de la mente, son los exploradores de la mente, desde sus lugares más obscuros hasta su última luminosidad. Conocen el Yin – Yang de la mente; las alturas de los valles del alma humana; saben del lugar donde se encuentran el alma y la mente, el lugar donde el Ego y el Sí mismo encuentran su equilibrio. La gente aire puede cultivar una mente vasta que puede traer como auxilio para otros que estén sufriendo de mente constreñida, el espacio que les ofrecen, y la perspectiva de alternativas que ellos traen al encuentro, hace el cuarto donde otros pueden encontrarse a sí mismos. Tienen la habilidad de perder su Ego que otros pueden encontrar la reflexión de su propio ser.

Alfredo Mesmer, hace un par de siglos hizo el descubrimiento que la gente tenía operando dentro de su proceso de pensamiento, lo que llamaron" la mente profunda." Esta era una parte de sí mismos la cual usualmente pasaba desapercibida. Usando lo que llamó"magnetismo animal". Él podía ayudarles a entrar en un estado de relajación, donde la mente profunda sería traída a lo abierto, y durante este estado semihipnótico de la mente, se daban instrucciones específicas para cambiar la programación de la mente profunda. La gente podía cambiar hábitos viejos, reemplazarlos por otros mejores, eliminar mensajes negativos, proyectar positivos en las funciones del pensamiento, y comenzar la reorganización de la personalidad.

La colaboración entre la mente consciente y la mente profunda, asegurarían que los cambios durarían y de que los mejores recursos de la mente estuviesen a la disposición del individuo. El Dr. Herbert Benson de la Universidad de Harvard, identificó los componentes esenciales y las técnicas adecuadas para alcanzar un estado mental para lograr un aprendizaje óptimo, con lo que llamo "relajación de respuesta" Esta técnica consiste en usar la relajación, respiración profunda, visualización y autoconversación para inducir un estado de bienestar donde las olas del pensamiento decrezcan el alto ritmo (llamado "Beta) para bajar ritmos (Alfa). Más tarde, hizo modificación con el uso de imaginación espiritual, la cual tuvo un profundo y positivo impacto en el sistema nervioso, el sistema cardiorespiratorio y el de inmunización.

Norman Cousin fue el primero en señalar en publicaciones médicas, del impacto que nuestra mente y estado de humor tienen en nuestra salud física, cuando se recuperó milagrosamente de una enfermedad terminal.

Desde tiempos pasados, ha habido la realización que la respiración está íntimamente conectada a nuestro estado mental. Sabemos que la respiración tensa, eleva el trabajo cardiaco en el pasado o futuro te sientes ansioso, mientras que los suspiros se registran en tú diagrama y te hace recordar tu ritmo del ciclo natural de respiración.

También sabemos que entre más ocupado estés, más estás viviendo en el pasado o futuro, terminaras fuera de tu propia vida.

También sabemos que 75% de los pensamientos de una persona promedio son negativos, y que esto solo puede ser cambiado cultivando el hábito de observar

Tu "dialogo interno". El darte cuenta de tu dialogo interno, te da el poder de escoger. Albert Ellis, quien se especializo en este campo, nos dice que podemos aprender a superar el exceso de apuro—que él llama "awfullzing" solo con etiquetarlo. Solamente dite a ti mismo, cuando te des cuenta que estás pensando en el pasado o futuro " yo estoy awfullizing ".Martin Seligman, otro psicólogo, nos dice que el pesimismo es atribuido a eventos que siguen "las tres P's":

1) Tomar las cosas como PERSONALES.
2) Teniendo PENSAMIENTOS que difundimos inconscientemente.
3) Creer que es una condición PERMANENTE del ser humano.

Aquí las tenemos: PERSONAL, PENSAMIENTOS, PERMANENTE.

El cambio a una manera optimista de pensar es sugerido por Susana Wolet, quién nos dice que la psicología del optimismo consiste en ver las tres palabras (en Ingles: CHALENGE, CONTROL,COMITMENT. Que traducido al Español son:

1. Verlo como un RETO,
2. CONTROL INTERNO
3. COMPROMISO.

Si vamos a confrontar perspectivas negativas, vamos a tener buenos conflictos, de entre ellos: exagerar lo negativo esto nos parece que proporciona sentido del humor.

El arte del estribillo: puedo escoger paz en lugar de esto.

Hay un modo de evaluar e incrementar tus reservas de buen aire.

Dibuja un cuadrado en una hoja de papel. Ahora en una escala de 1 a10, dibuja una línea de cuanto aire bueno experimentas en tu vida.

¿Qué puedes hacer para incrementar la corriente de aire bueno en tu vida?

¿Qué te da energía?

¿Qué te da alegría?

Identifica esas actividades que te ayudan a ser en el momento, esos eventos que te ayudan a salir del tiempo y adentrarte en la vida. Has una promesa de practicarlo como experiencia diaria. La gente de AIRE son visionarios conscientes del poder de nuestra manera de ver el mundo y de las experiencias que de ello extraemos.

Nuestro poder narrativo ha organizado el caos de nuestra experiencia de vida y le da significado. Algunas personas sufren a causa de la narrativa que han estado repitiéndose, por años. En casos extremos, los maestros espirituales han sugerido a sus discípulos "deshacerse de su historial personal ".

Al extraordinario poeta japonés Basho, le preguntó uno de sus maestros, ¿dime algo que tú sabes? Tal fue la pregunta—que nos relata la Leyenda---

Solamente entonces vino a caer en que todo lo que tenía era de ideas de otras personas pero que nada propias de él.

Ese es el predicamento de la gente Aire cuando se encuentran desequilibrados o fuera de balance. No hay originalidad, no autenticidad, ni genuinas. Todo lo que hacen, desde el momento que despiertan al momento que van a dormirse, es pensar los pensamientos de otros, para usar la invención de alguien más y para seguir los dictados de alguien. En un sentido real de la palabra, no tienen una vida propia. Basho entonces miró al fondo de un estanque, entró al momento e hizo su primer " Hiku ":

"Un estanque - Un splash - Una rana"

La simple vida, aquí, en su naturaleza poética. Y Basho dejo de complicarse a sí mismo, su propia existencia. Desde entonces, sus poemas flotan como la lluvia.

Las dos maneras de funcionar de la mente, son caracterizadas, bien por el "tener" o "ser". Erich Fromm señaló, cómo dos poetas reflejaron estas dos maneras. El primero fue Tennyson, quien viendo una flor al lado del camino dijo: "Oh Lily cuando te veo al lado del camino, me pregunto" ¿Dónde está tú vida?, ¿Cuál es tu secreto? Y te tomo en mi mano raíces y todo, pero sin embargo, yo sé que el secreto de la vida escapa por entre mis dedos".

 El otro poeta es Basho, quien dice: "Me detuve al lado del camino, una flor: ¡siento que está floreciendo!"

El contraste es claro. El primer poeta desea captar el secreto de la flor teniéndola, y al menos aprende que nunca sabrá el secreto, por análisis.

El segundo poeta, ni siquiera toca la flor, pero sabe de ella con su mente empática, la que se encuentra en su sí mismo y en la flor. "No uno no dos" como a los maestros Zen les gusta decir.

Con aire podemos, inspirar o podemos desahogar. Si vamos a inspirar, entonces nosotros protegeremos a aquellos que nos rodean, de este proceso.

La maestría acerca del aliento, en la India le llaman "Pranayama" ahí hicieron el descubrimiento de que nuestro patrón de respiración es directamente responsable de la alternativa dominación de nuestros hemisferios cerebrales, repitiendo la operación.

Cuando jalamos más aire por nuestra fosa nasal izquierda, nuestro Hemisferio cerebral derecho es dominante. Cuando jalamos más aire por nuestra fosa nasal derecha, entonces nuestro hemisferio cerebral izquierdo es el que está a cargo.

Esta dominación es intercambiada cada dos horas. Poniendo atención a nuestra respiración, podemos trabajar con nuestro patrón natural de pensamiento y cuando necesitamos empujar hacia arriba ambos hemisferios, podemos usar la técnica, usando nuestra mano para cerrar una fosa, exhalando por la otra fosa y viceversa. La mente se pone sorprendentemente clara. La mente y la respiración son funciones íntimamente relacionadas.

F U E G O.

El FUEGO es el símbolo de la energía y la gente de fuego tiene de esto en abundancia.

Las antiguas culturas llegaron a la realización de que somos fuego. La energía del Sol es procesada en nuestra Tierra y desalentada como energía almacenada en nuestro sistema. Es esta energía la que hace posible la vida. Los Mayas la llamaron

"KIN" y dijeron que el centro de captación estaba en nuestro ombligo, en lo que llamamos "Plexo Solar","SOLAR PLEXUS" (en Latín). Los japoneses lo llaman "KI", a una letra de distancia, aun cuando ambas razas radican en lados opuestos del planeta. Hay un ejercicio matutino para traer equilibrio a nuestro fuego:

Consiste en colocarnos de cara al sol, arrodillados, hacer una inhalación profunda y soltamos toda nuestra energía, con nuestras palmas de las manos de frente al Sol. Hacemos esto cuatro veces, después de lo cual, recibimos la luz fresca del Sol, inhalamos y dejamos a nuestras manos, caer por los costados, desde la cabeza hasta los dedos de los pies. Repetimos esta acción, cuatro veces también.

Ahora, tomaremos la energía del Sol, nos movemos en dirección a los cuatro puntos cardinales, frente a cada uno se toma una gran inhalación y exhalación con los brazos extendidos.

Habiendo completado el saludo en las cuatro direcciones, permanecemos de cara al Sol, tomamos su energía, colocando nuestras manos sobre el plexo solar. Entonces, tomamos una inhalación- exhalación y colocamos las manos sobre el corazón. Tomamos otra inhalación-exhalación y colocamos las manos sobre la garganta. Tomar otra inhalación-exhalación y las manos las llevamos a nuestros ojos cerrados. Tomamos otra; inhalación-exhalación y las manos van a descanzar sobre la frente. Una nueva inhalación-exhalación y llevamos nuestras manos a la coronilla. Tomar una respiración-exhalación y bajar nuestras manos desde la cabeza, hasta abajo para descansarlas sobre los dedos de los pies.(Toda inhalación ira acompañada de su correspondiente exhalación).Cerraremos nuestro trabajo al Sol, tomando energía del Sol con nuestro aliento, colocando ambas manos sobre nuestro corazón diciendo "Luz", tomamos otra inhalación profunda, y decimos "Paz". Otra inhalación y decimos "Amor". Otra inhalación y decimos "Salud". Otra inhalación y decimos "Prosperidad". Con nuestro cierre de aliento, llevamos brazos al frente y decimos: " Por todas mis relaciones." Este es el momento, en que enviamos nuestro Sí mismo a todos nuestros seres queridos, una sensación que ha de permanecer con nosotros durante todo el día. Estamos conectados en un sendero de conciencia positiva, lo mejor de nuestras energías circulan y viajan hacia todo y todos cuanto nos rodean.

La gente de fuego son gente madrugadora. Su energía comienza a circular temprano. Su energía se eleva temprano en la mañana, y su mente patea cuando abren los ojos. Su reto es que la mente alcance a enfocarse solamente cuando su cuerpo esté en paz. Actividades físicas, como el ejercicio descrito antes, puede poner su cuerpo en harmonía, lo cual permitirá a la mente enfocarse sobre tareas

A la mano.

La actividad es el camino real para su equilibrio del fuego, personas que son muy sensibles a la energía. El azúcar es su gasolina para la gente de fuego. Si uno de ellos desea algo dulce, dale miel en tarro, lo cual además de ser más sano, tiene efectos calmantes en el cuerpo, también protege nuestro sistema contra las alergias.

En la tradición de curación indígena entre las comunidades mexicanas llamadas "Curanderismo" nos han mencionado 3 hierbas que traen equilibrio para la gente de fuego. Esas hierbas preparadas como té son: menta, manzanilla, y anís estrella. La combinación tomadas cada mañana en ayunas fueron llamadas " Las Tres Milagrosas", por su habilidad de provocar efectos positivos en nuestros 3 centros principales: cuerpo, corazón, mente.

La gente de fuego son gente madrugadora. Su energía comienza temprano. Su energía se eleva temprano en la mañana, y su mente patea cuando abren lo ojos.

Su reto es que la mente alcanza a enfocarse solamente cuando su cuerpo está en preparadas paz. Actividades físicas, como el ejercicio descrito antes, puede poner su cuerpo en armonía, lo cual permitirá a la mente enfocarse sobre tareas a la mano.

Actividad es el camino real para su equilibrio del fuego, personas que son muy sensibles a la energía. Azúcar es su gasolina para la gente de fuego. Si uno de ellos desea algo dulce, le dan miel en tarro, lo cual además de ser más sano, tiene efecto calmante para su cuerpo, también protege el sistema orgánico de las alergias.

En la tradición de curación indígena entre las comunidades mexicanas llamadas e"Curanderismo" nos han mencionado 3 hierbas que proporcionan equilibrio a la gente de fuego.
Estas hierbas, preparadas en té son: menta, manzanilla y anís estrella. La combinación tomadas cada mañana en ayunas son conocidas como las tres "milagrosas", por su habilidad de propiciar efectos positivos a nuestros tres centros principales: cuerpo, corazón y cerebro.

Las artes marciales parecen haber sido creadas pensando en la GENTE de FUEGO, conductas que son provocadoras de problemas de los alumnos en las escuelas son a causa de la intensa energía. Combates y gritos en las escuelas de Artes Marciales, son muestras de esas manifestaciones de exceso de energía. La gente de FUEGO encuentra estos lugares donde su energía puede ser canalizada y así estas personas pueden funcionar sin meterse en problemas, y tienen así la oportunidad de funcionar perfectamente en actividades sociales de trato controlado

Donde se pueden presentar muy pacíficos. Es cosa de encontrar el lugar adecuado y el tiempo correcto y maravillas ocurren cuando sincronizamos el flujo de energía con las actividades que el mundo demanda de nosotros cada día.

En curanderismo nos dicen que un fuego en equilibrio se convierte en fuego devastador salvaje. Algo rápido aparece a cualquiera que ha tratado con un niño fuego.

Si tú eres fuego, no puedes escoger ser de otro elemento: permanecerás siendo fuego. Pero lo que está en tu poder es escoger ser ya sea fuego salvaje o una flama. Los elementos son ni buenos ni malos. Y el elemento de fuego tiene su lugar. Por una vez, la energía es contagiosa, la positiva una vez llamada "medicina buena" en territorio indio, y la negativa "medicina mala". Solo piensa en la resonancia energética que obtienes cuando estás con gente afín: la energía se eleva. Si llegamos a estar en coma, en un hospital y fueran a encontrar a tu cuarto, hay chance de que sientas su energía tus lazos con el mundo serán fortalecidos. Por otro lado, también puedes sentir tu energía vaciarse o ser afectada negativamente cuanto te encuentres en el campo energético de una persona que no te cae bien. Una manera de neutralizar la energía negativa es levantando tu mano izquierda y directamente decir "Veneno" en voz baja. Por otra parte, cuando te están dando energía positiva, haz un ademan con tu mano derecha y en silencio dio "Bienvenida". Si solo estamos en guardia contra energía negativa, pero no aceptas energía positiva, o encontrarás ni descanso ni renovación. Un balance o equilibrio de energía positiva y negativa es la manera apropiada de avanzar en el camino de elevación de carga energética, representada por dos tigres guardianes a la entrada del Templo Shaolin en China, el centro de la maestría sobre la energía. "Enséñame el tigre y yo te mostraré el dragón". Dice una antigua máxima China, lo que significa es que, si amansamos el tigre su energía en nuestro ser – coraje y miedo – entonces estaremos en posibilidad de usar y transformar el fuego – como el dragón – sin ser quemado. Seremos quemados, sin burning out, el reto más grande de nuestra vida laboral.

Nos han dicho que Bodhidharma, el fundador de las artes marciales, fue un monje que viajo a través de bosques y observo a los animales con gran detalle. Noto e camino en el cual debían perfeccionar sus habilidades peculiares. No había esfuerzo, solo naturaleza en sus movimientos: la acción precisa debía emerger espontáneamente con gracia y poder. Visualizando el elemento fuego, Bodhidharma interiorizo en él esos movimientos el fuego le dio el elemento por el cual podía tomar cualquier forma. La transformación en el principal dominio de la gente de fuego.

El alto voltaje de la gente fuego puede hacerlos un desafío a ser alrededor de otros.

En términos místicos en la tradición Cristiana Juan El Bautista representa el agua, y Jesús representa el poder del fuego. Es por eso que Juan dice: "Yo te bautice con el agua, pero aquel que viene detrás de mí te bautizará con fuego" y más tarde leemos en "actos de los apósteles" que después de su muerte, cuando los apóstoles estaban escondidos, durante el día de Pentecostés, fuego vino de lo alto y fueron bautizados con él. A partir de ese momento fueron temerarios.

En la perspectiva de los antiguas mexicanos, ambos elementos agua y fuego, fueron los símbolos de la transformación espiritual, lo que llamaron el "agua hirviente".

Y el uso del fuego en un ritual sagrado fue implementado por Zaratustra, en Persia, y su visión de "Aura – Mazda" el señor de la luz lucha contra las fuerzas de sombra oscura.

El juego es perenne. Es constantemente renovado por la transformación de la materia. Sin embargo tiene un puente particular de ignición. Desde un momento en adelante, la flama aparece, danza y expande hacia arriba. Busca los lugares altos, como si no pudiera estar abajo en la tierra por mucho tiempo. Tal vez fue esta cualidad que le dio nacimiento a concepciones alrededor del mundo de que el fuego fue la esencia de la vida divina retornando a sus fuentes. Entonces nuestra alma fue una clase de fuego, un fuego que nunca se extingue y que es lo que Moisés encontró cuando ascendió al monte Sinaí, el arbusto encendido que le hablo, y le dijo "yo soy el que soy". Esta es la voz de la eternidad, la voz que está ahora en el dominio del sin tiempo (eternidad). Y eso es porque Juan el apóstol escribe, "En el principio fue la palabra". Es esta voz de la cual está hablando y es por eso que Jesús dice, "Antes de Abraham ser, yo soy".

Y es él quien habla con la voz de fuego, la voz del movimiento presente, el eterno ser.

Y es por eso que fue al desierto: a ver todo lo que él no era, quemado completamente, y su naturaleza eterna lo sobrepone de poder de él, que es el señor del tiempo y el mundo de la forma. Todo gran Avatar ha tenido que confrontar el mundo de ilusión con el fuego del espíritu invisible.

El mismo símbolo fue usado en la historia de los Toltecas de la serpiente y el águila, por la cual encontramos el águila instruyendo a la serpiente de ir al lugar más alto de la Tierra y saltar al sol. La serpiente quien sigue este sendero, llega a la

82

pirámide y salta, encuentra que las alas salen (así como nuestros pulmones toman aire en el momento de nacer) y la serpiente se convierte en serpiente emplumada, y eventualmente un pájaro que alcanza al sol: convirtiéndose en "pájaro del sol" con todo lo mundano quemándose al Sol, y después el pájaro descendió al mundo a ayudar a otros a realizar su verdadera naturaleza y alcanzar al sol, el fuego, la luz, nuestro recurso.

Ahora como hemos podido ver la buena tierra, la buena agua, el buen aire hay también el buen fuego.

El buen fuego consiste en elevación de energía que es levantar en todo. Es en uno en todo, el amor sublime por el cual se mueven todas las estrellas. Es ahí en la experiencia de unidad de todos aquellos que van más allá del EGO. Así como Rumi, quien experimento este estado dijo "suficientes palabras yo quiero ¡quemarme, quemarme, quemarme!, y se prendió fuego. Algunos avatares siguieron este sendero de realización: el de amor apasionado, la volcánica irrupción del espíritu, la expresión sin forma de ser sin andar cargando nada en las espaldas. Estos son seres que son el reverso de una explosión atómica: en ellos mismos, toda vida es fundida, encuentra su empiezo, su mitad y su realización, es instantánea en donde quiera y total.

Y aún, cuando ese fuego no este equilibrado, es convertido en "fuego salvaje" y es el destructor de palabras. Es por eso que, en la tradición Hindú, fue representado por la naturaleza dual de Shiva, quien por un lado es "destructora" y por otro es "transformadora". El fuego desequilibrado representa el destructor.

Ahora los individuos son infundidos causando en el ánimo un impulso moral o afectivo a causa del incremento de energía – el kundalini incrementando por el Yoga – y el Ego no es disciplinado lo suficiente, el ego se inflama con el aumento de fuego y lo que tienes no es "iluminación", sino fuego intoxicado e EGO: la persona ego siendo tomada por dios: idolatría persona que transforma al individuo en demonio. Ese fue el predicamento de Lucifer, el ángel caído, quien decidió tomar el lugar de Dios, se convirtió en maligno, ese mismo ángel quien había sido el más perfecto y hermoso de todos ellos.

Esto también representa la falta de habilidad de dejar ir del sí mismo. Justo como la persona madura, no habiendo sido posible despedirse, de su de él o ella, juventud. Puede uno ver su temor al arrastrarse gateando, y tomando su conciencia. Entonces se convirtieron como Dorian Gray, el personaje de la novela de Oscar Wilde quien, debido a su entrañable apego a s juventud y belleza causa en su ánimo un impulso moral afectivo en su retrato pintado con el poder absorber el tiempo de su vida, mientras él se convierte en inmune el paso del tiempo y entre más largo hace este predicamento (Cada una de las clases o categorías a que se reducen todas las cosas o entidades físicas con el paso del tiempo) más cruel y dañino se convierte al mundo social de su época.

Eso es lo que para cuando uno no quiere aceptar la vida con sus limitantes y petrifica cualquier aspecto del ego. Aunque nuestro glorificado ego se convierta en nuestro demonio personal, esto es, nosotros como Dios, o las bases de extremo narcisismo. Y este es el tiempo de enfermedad extrema. Y la clase de enfermedad energética que provoca en aquellos que están en las luces del reflector político, con la proyección de muchas otras mentes y energías sobre ellos están en el escenario o en el ojo público. Son las estrellas que terminan y por creer que son lo que aparentan entre más lo crean, más fuerte van a golpear el piso. Por eso es que LaoTse nos dice, hacemos bien cuando permanecemos abajo y cerca del piso, sin atraer mucho la atención, sin tomarnos muy en serio o como si lo fuéramos. Y eso es así porque hubo algunas formas particulares de meditación para gente expuesta al ojo público, para convertirlos en cuidadosos de todas sus imperfecciones, así que permanezcan honestos y humildes, sin el fuego de grandiosidad personal. Y si tuvieron experiencias de elevación de energía en su conciencia – como es común en la gente fuego – no se convierta en autoabsorbidos, pero verlo como una especie de tentación. Si ceden en la tentación de engrandecimiento personal se convertirán en los Budas locos individuos quienes tienen la enfermedad de una indigesta experiencia espiritual. El espíritu puede causar una especie de enfermedad a la personalidad de ego no reparada y ese fuego así como ante el aire, se puede convertir en tóxico si no hay orificio de salida. Y nada es tan peligrosos como el fuego implosivo encerrado sin poder hacer nada para abrirlo.

Cuando la persona está infectada con intoxicación de fuego; necesitan pasar un tiempo en reclusión, lejos de los demás, y en la naturaleza, particularmente lugares altos, en las montañas.

Aquí, el frío y mejor en invierno, les provee con ideal oportunidad para soltar sus excesos de calor energético y guardar vacío para recibir fuego autotrascendente. Pero primero deben soltar el exceso de fuego. Esto puede ser hecho también por ciertas posiciones, canciones y ceremonias, incluyendo el uso de casas de campo y arroyos descongelados. Con buen fuego uno puede tener a oportunidad ideal de descargar su exceso para ser apto a recibir fuego auto – trascendente, perdiendo el sentido del tiempo o impaciencia.

El equilibrio, en fuego, así como con cualquier otro elemento es el factor clave de la armonía, bienestar y quehacer en la comunidad.

"LA COMBINACION DE LOS CUATRO ELEMENTOS."

Todos tenemos los cuatro elementos, aun cuando, uno de ellos tiende a dominar nuestra energía. Siendo conscientes de nuestro elemento, así como que el elemento dominante nos rodee, es esencial para nuestra positiva interacción con ellos, y para usar con mayor efectividad la combinación de nuestros recursos. Pero ¿Cuáles de estos elementos hacen la mejor combinación?

En los calendarios antiguos, la Tierra se equilibra por el fuego y el agua por el aire.

Déjame explicarte:

La Tierra es el elemento que nos da nuestro suelo, nuestro sentido de estructura, nuestro sentido de lugar, nuestro sentido de orden, consistencia y conexión.

Por otra parte, el fuego, nos levanta, es el poder que nos moviliza, la energía que busca desempeñar, llevar a cabo, realizar la energía que busca su propio desempeño. Ambos de estos modos de ser tienen como propósito complementar y equilibrarse entre sí. Son opuestos y porque son opuestos, traen a cada uno al centro.

Agua, el modo de ser en sentimientos, pueden ser equilibrados por la conciencia, la fórmula antigua de compasión (agua) y sabiduría (aire).

Pero no nos engañemos. Las relaciones requieren que nos comprometamos y expandamos nuestro ser. Nos mueven hacia los demás y hacen la otra parte de nuestro sentido de ser. De manera que ellos son parte de nosotros y en nosotros. Nos afectamos mutuamente. Si yo voy ahí ¿no sé yo que tú eres parte mía, y mi sentido de ti me habla? Puedo ver las cosas a mi manera, pero al ir conociéndote, puedo verlo, como yo creo tú lo verás. Hay ciertamente un "nosotros" que se convierte en parte de mí y parte de mi sentido del yo. Tú puedes ser un punto de referencia que me da un mejor sistema de navegación en mi vida. Tu perspectiva agranda mi sentido de vida. Yo puedo compartir tu visión, o no: pero la conozco y la siento. Tú afectas mi estado de conciencia. Los problemas psicológicos comienzan cuando no tenemos un sentido de nosotros mismos, y este es posesionado por el sentido de otros. Esto es porque Jean Paul Sartre dijo, "el infierno es los otros". Y así es esto, cuando nosotros no nos hemos desarrollado, cuando no hemos crecido, cuando no hemos venido a ser nosotros mismos. Entonces otros, pueden ser una bendición y una cura. Todo depende de la naturaleza de nuestra relación. Las relaciones pueden curarte o matarte. Cuando la gente está equilibrada no importa que elemento te domina en su sistema, son magnifica compañía. El problema se sale cuando no están en equilibrio. Entonces a pesar de su elemento dominante, son factor negativo en nuestras vidas. Cuando los cuatro elementos están equilibrados y juntos, tú puedes crear toda una organización, comunidad, nación o mundo. Este es el secreto de las edades. Está contenido en los cuatro elementos y sus relaciones propias. Cuatro es – como lo señala Jung – un número de terminación. Un líder auténtico es alguien quedarse al centro – lugar propio de deliberaciones y acción – y tomando todas las perspectivas en consideración. Lo que la Tierra dice, lo que el Agua dice, lo que el Aire dice y lo que el Fuego dice. Estos cuatro elementos dan nacimiento a la unidad de todos ellos, la voz del todo. La que cura, la que es sagrada. Cuando elementos son excluidos de las deliberaciones y de compartir puntos de vista, ha empezado el sufrimiento, eventualmente como los caballeros del Rey Arturo dirían "el circulo no tiene orillas". Si yo empiezo mi participación como Demócrata o Republicano, he perdido a la mitad de los participantes. Pero si yo sostengo como ser humano, como miembro del círculo, como alguien para quien no hay "ellos" solo "nosotros", entonces casi todos estarán conmigo, lo absoluto trabaja en mí y a través de mí. Otros se convencerán de confiar en mí. Mi integridad es la corriente con la cual nos movemos se trata de los otros en mí y yo en los otros. La manipulación está fuera de contexto. La verdadera sinceridad, transparencia, estará siempre aquí. La humanidad es afirmada en cada paso del camino. Y estos principios pueden ser aplicados sin importar que elementos dominen en cada persona. Entre mayor sea el equilibrio de cada elemento más aumentará su alineación con estos principios, solo la forma que adopten y la manera en la cual deliberen traerá algunos cambios, pero son cambios de forma no de sustancia. Los ancianos maestros en China nos dijeron esto: "coloca a un mono en una jaula y se convertirá en tan torpe como un puerco. No porque no sea brillante o habilidoso sino porque no tiene espacio para ejercer sus habilidades". Y esto es lo que pasa cuando no hemos reconocido y desarrollado nuestra cualidad: no tenemos espacio de ser. La gente inteligente da espacio para ser. La gente sabia se convierte en espacio, esto es, remueven su Ego de la ecuación de relación con lo que les rodea y te apoyan en tu vía de convertirte tú mismo.

Los elementos son los medios a través de los cuales tú entras en contacto con tu verdadero ser.

Nos han dicho que Gandhi le pidieron que hablara con un niño sobre no comer azúcar lo cual estaba causando problemas orgánicos en los niños. Gandhi vio al niño y le pidió a la madre que lo trajera la semana siguiente. Pasó la semana, la madre trajo a niño y Gandhi le dijo "deja de comer azúcar". El niño lo hizo, pero la madre no pudo aguantarse y preguntó, "pero ¿Por qué no le dijo usted desde que venimos a verlo que no comiera el azúcar? a lo cual Gandhi dijo: porque en ese entonces, yo estaba comiéndola".

Si tu siendo este en tu haciendo tu acción arrastrará poder ilimitado. Estás en el Todo. Y Totalidad es nuestro derecho y más alta necesidad. Más parece imposible alcanzarlo, sin embargo; nada nos hace sentir más en casa. Es un destino y una manera de viajar: siendo. Es por eso que los Indios Americanos tuvieron la (visión quest), el tiempo hecho a un lado, para encontrar nuestra voz, nuestro elemento, nuestro verdadero ser. Ve a la montaña, pasa tiempo en silencio, contempla la naturaleza y entra en el misterio. Toda tradición mística nos habla de esto. No como una tierra o mundo distante sino como estar más en este mundo. No evadiendo la vida sino para vivirla más abundantemente, sin límites. Neil Diamond cantó sobre esta experiencia cuando hizo la música para la película "Juan Salvador Gaviota" en la canción "ser" escucha las palabras:

Perdido

En un cielo pintado

Donde las nubes están colgando

Para el ojo del poeta

Tú podrás encontrarlo

Si, tú podrás encontrarlo

Ahí

En una costa lejana

Por las alas de los sueños

A través de una puerta abierta

Tú podrás conocerlo

Si tú podrás

Se

Como una página que duele por una palabra

La cual habla, sobre un tema que es sin tiempo

Y el único Dios se hará, por tu día

Canta

Como una voz en busca de una voz que es silencio y el sol

Dios se hará, por tu día

Y danzamos

A una voz susurrante

Oída muchas veces por el alma

Profundamente tocada por el corazón,

Y tú llegarás a conocerla

Y si tú llegas a conocerla

Mientras la arena se convierte en roca

Que procrea la chispa

Torneándose en hueso vivo

Sagrado, sagrado

Sanctus, sanctus

Se

Como página que duele por una palabra

La cual habla sobre un tema que es sin tiempo

Mientras el único Dios hará por tú día

Canta

Como canción en busca de una voz que es silente

Y el único Dios hará, por tu día.

Piensa en la gente en tu vida que te han dado soporte en tus dudas para convertirte en tu mismo, esos verdaderos maestros quienes, más que querer que te conviertas en como ellos te ayudaron a ser tú mismo. Ese es la señal de un verdadero maestro: el que te lleva, te guía a tu sí mismo, y este es el cuestionamiento que te harán y pedirán el día del juicio: ¿fuiste tú, tú mismo?

Cada persona que está realmente viva es auténtica, solo piensa en ello. Todos han desarrollado el coraje de ser.

"Yo soy, por consiguiente yo existo". Ese es su lema.

Y puede ser el tuyo también

"Pero y que si ellos no me gustan"

La pregunta es "¿te gusta tu sí mismo?"

¿Deveras?

Solo lo podrás saber si te das permiso de ser tú mismo.

Sobre de ello. Encuentra, quien eres.

Wilhelm Reich, descubrió que el camino para llegar a ser uno mismo tiene tres etapas principales. La primera es vencer, dominar el rol con que nos hemos identificado. La máscara. El segundo, permitir que las emociones reprimidas con toda su turbulencia salgan, lo cual no es realmente nada agradable. Son como el aire de ancestras tumbas. Esta es la razón principal de porque tanta gente da marcha atrás: encuentran esto primero y abandonan pensando que todo lo que tiene que ver con ellos – si van lo suficientemente profundo – es muy turbador, feo, sucio. "¿si tan solo supieras?"

Pero el problema es que no van lo suficientemente profundo. Una vez que se ha superado el inicio surge la naturaleza original, la luz que brilla en todos nosotros en toda vida: nuestra esencia de ser. Los que han llegado lo suficientemente profundo traen este ser a cielo abierto. ¿No te gustaría esto?

Tu elemento te guiará a este lugar y sin tu elemento no lo alcanzarás. Lo bueno es que tu elemento siempre está contigo, a tu alcance. Los antiguos mexicanos identificaban los elementos en la vida diaria e incorporaban sus dinámicas en su lenguaje popular. Su clasificación continúa en nuestro mundo moderno como sabiduría popular conocida como "curanderismo" el ancestral sistema de curación. Lo siguiente es los cien conceptos básicos.

CURANDERISMO Y LOS CUATRO ELEMENTOS

He escogido dejar el español o náhuatl en las palabras (el lenguaje hablado por los ancestros mexicanos) al referirme a estos conceptos, dejo (la equivalencia en ingles correspondiente).

AGUA (wáter)

Agua es uno de los elementos esenciales en el curanderismo.

En el mundo precolombino, agua "ATL" (en lenguaje ancestral mexicano, lenguaje náhuatl) fue la fuerza espiritual que dio vida.

Este fue uno los atributos de "TLOQUE NAHUAQUE" (la fuerza por la cual todo tiene vida)

En los ciclos de calendarios azteca, tolteca y maya, los periodos bajo signo de agua eran afectados por aspectos positivos y negativos que el agua pudiera traer.

El agua podía alimentar, crear, educar, pero también podía acarrear inundaciones.

Tláloc, señor de las lluvias, podía interferir durante los periodos críticos de lluvia, especialmente en la agricultura. Con la llegada de los europeos, la devoción a Tláloc fue transferida a otros santos y deidades del sistema católico, especialmente aquellos asociados al agua o representados con agua.

En distintas regiones de la América indígena ha habido individuos encargados de influenciar los efectos negativos del agua. Esos individuos han sido llamados "graniceros" quienes están encargados de redireccionar granizadas y tormentas lejos de sus comunidades.

Líderes mayas en tiempos de crisis por sequias cortarán sus cuerpos y derramaran su sangre sobre la tierra como un sacrificio para atraer la lluvia para su gente. En otras tradiciones, bendecir el agua es considerado balsámico, cargando con propiedades curativas para hacer desaparecer la negatividad y restaurar la armonía y salud.

El agua es vista como la sangre de la tierra, el elemento común de vida, como tal, el agua es un vehículo para restaurar nuestras relaciones con Tonantzin, nuestra madre tierra. El estado natural del agua es la pureza, un modelo para nuestra vida mental y emocional. El agua es también un elemento neutral: acarrea los elementos positivos o negativos que le han sido introducidos.

AGUA BENDITA

(Holy Water)

Cuando el agua acarrea elementos espirituales positivos es considerada sagrada. Solo el agua puede ser usada sobre el cuerpo (bautismo, bendición) bebiendo como bálsamo dejado para los "desencarnados" (aquellos sin carne), o para purificar el medio ambiente. El agua sagrada es muy importante en caso de malos espíritus o donde ha habido malos espíritus. O donde ha habido sufrimiento espiritual, causado por virus emocionales.

El agua santa juega importante papel para fortalecer relaciones y compromisos espirituales.

En otros casos el agua sagrada se usa para purificar objetos de toda negatividad.

AGUA DE ALMA

(Soul Water)

El agua bendita o bálsamo es sagrada que puede ser bebida con propósitos físicos, emocionales o espirituales.

AGUA TRABAJADA

(Worked Water)

El agua trabajada es agua que ha sido usada como vehículo para generar emociones o enfermedades espirituales. Es frecuentemente el resultado de "envidias" (intense envy) o de odio, los cuales son estados de maldades para el alma.

AGUA MALA

(Bad Water)

Usada para atraer maldiciones especificas tales como depresión, duda o pérdida de virilidad.

AGUA NEGRA

(Volutted Water)

Agua con un alto concentrado de impurezas que generan males físicos, enfermedades.

AGUADO

(WATERED)

Falto de energía causada por sobrepeso

AGUITADO

(DOWN)

Pesadez cardiaca debida a falta de presión

(AIR)

Aire, como agua, puede acarrear elementos tanto buenos como negativos.

Los elementos positivos pueden ser respiración de vida. (Espíritu) el alma de una persona benévola, o energía espiritual positiva como la paz, amor o alegría. Como elemento negativo, el aire puede acarrear el espíritu del mal, el alma de una persona maléfica, o una energía espiritual negativa tal como envidia o el odio. Hay aires con "rumbo" dirección. Cada dirección (norte, sur, este, oeste) tiene aspectos positivos o negativos. Hay también horas del día y estaciones cuando el aire tiende a acarrear una energía espiritual especifica basado en sus direcciones.

Las almas de muertos, de los desencarnados (los que no tienen carne), tienden a vivir en el aire y retornar a lugares específicos o en ocasiones particulares tales como el día de muertos. Para quienes se les preparan sus comidas preferidas. Y ya que no tienen más su cuerpo físico, el aroma es suficiente para satisfacer su apetito. Es más, hay también entidades que se alimentan de emociones, en particular de miedo, odio o envidia.

A veces hay aires que acarrean muchas almas. Esos aires tienen la facultad de ir a través de los cuerpos y afectan sustancialmente su "anima" (la facultad de mover su alma).

La gente que ha sido afectada por "mal de aire" (enfermedad del aire) tienden a presentar las siguientes características:

Hacer cosas fuera de carácter.

Cambios de patrones de dormir y soñar.

Pesadillas

Pérdida de apetito

Cambio irregular en la temperatura del cuerpo

Pérdida de brillantez en los ojos

Irritabilidad, perdida de concentración

Compulsiones

Ideas suicidas.

El buen aire es el que trae con él, energía espiritual positiva. Mal aire, por el contrario, acarrea fuerza espiritual negativa. En casos extremos, el término "AIRE" (air) es usado para describir el campo de energía de una persona, particularmente en relación de él o ella. El aire, en este caso, continúa siendo un vehículo para la energía que irradiamos y el aire es usado como indicador para determinar la buena condición de una persona en casos de relaciones de salud.

ALMA

(SOUL)

El eterno centro del individuo que circunda los siguientes componentes:

"Alma pura" la esencia del alma

"Anima" la vitalidad del alma abastecida por su conexión a un cuerpo mortal

"Tonally" la parte consciente del alma.

"Teyolia" sentir la parte del alma, corazón espiritual.

"Ihiyotl" la presencia del alma en un cuerpo físico.

"Sombra", la sombra energética de la persona en necesidad de luz.

"Espíritu", presencia divina en el alma.

100

"Nagual" conciencia viajera del alma.

"Cuerpo de aire" cuerpo soñador, nuestros darnos cuenta mientras soñamos o estados durante el cómo-sueño.

"Xolotl" compañero espiritual en el viaje al inframundo.

ARDIDO (A)

(PERSONA EN UN ESTADO DE QUEMAZON PERPETUA)

"Ardido" es el estado de estar enfermo de una persona que ha sido herida en una relación. El estado de alma quemándose se refiere al calor de coraje que irrumpe cada vez que la persona recuerda el daño que él o ella ha sufrido.

El estado del alma quemándose es la emoción equivalente a la herida física que ha sido causada por un cambio de sentido, quebrando o doblando. La herida es el dolor, mientras que la infección es el eterno quemarse, sufriendo.

El papel del sanador es ayudar al cliente a remover la infección, el sufrimiento y trabajar con el dolor, hasta que la herida se convierta en cicatriz.

AMARGADO (A)

(BITTERNESS)

Una frustración del corazón caracterizada por el sarcasmo y el cinismo. La persona sufriendo de quemar su alma se siente herida. Los amargados viven en decepción. El primero siente odio hacia la persona que le hirió sea él o ella. El segundo ha internalizado parte del odio y generalizado el resto. Una persona sufriendo de "amargura" (bitterness) vive en un estado de putrefacción emocional y se ha convertido en alguien intoxicado por su propio sufrimiento. Lo bueno que se mantuvo atrás, se descompone y se convierte en fuente de energía negativa. Mientras lo que se mantiene en la superficie es "emoción podrida"", rottenness.

AMPARO

(REFUGE)

Protección, emocional, espiritual y física. Imágenes puestas en lugares estratégicos para que proporcionen protección. San Martin Caballero por ejemplo, proporciona protección contra el robo. Hay también los "Santos Patrones" (Patrón Saints) a cargo de la protección de regiones específicas o de profesiones y otras actividades laborales.

Yo recuerdo haber visto gente caminando por días, yendo a un lugar llamado "Refugio de Pecadores" (Refuge of sinners), un pueblito en el estado de Jalisco, México. Muchos de ellos, tu podías ver que no eran de tipo religioso. Algunos de ellos, tenían sus pistolas bajo las chamarras, cicatrices en la cara y una mirada que decía que mejor que no te atravieses en su camino. Y había mujeres, algunas aun usando sus vestidos de noche, silenciosos testimonios de la manera en que se ganaban la vida. Todas ellas en un peregrinaje a ese pequeño pueblo en medio de tierra de nadie. Pero que en el día del refugio, cada uno de ellos esperaban su turno para sentarse y confesar, frente a nuestra Madre, la que toma de nuevo a cada uno, la madre que nos da amor incondicional, la que continua rezando por nosotros, aun cuando hemos volteado la espalda a Dios. Y cuando esos individuos se levantaban de sus sillas, sus caras se veían transformadas y también sus ojos. Ahora, ustedes pensarían, puedo acercarme a ti. Podías sentir que algo había sido removido de ellos; una barrera invisible había sido removida aquellos que no habían hecho el esfuerzo de esconder quienes eran y lo que habían hecho. Y como desearía yo que nuestros políticos caminaran en esa dirección. Tal vez ellos también podrían reclamar su humanidad y dejar de mentir y matar, que es en lo que han estado ocupados por siglos.

AROMA

(AROMA)

Aire cargado con elementos espirituales.

Aroma es un alimento para almas encarnadas y no encarnadas. A veces, podemos decir que el alma está viniendo por nuestro camino por el aroma que despiden.

APAGADO

(BURNED-OUT)

Estado de la persona en la cual la intensidad de su anima ha perdido su brillo. Aplicable a aquellos que han perdido su pasión por vivir.

APARICION

(APARITION)

Encuentro con un alma o espíritu. Como el de Juan Diego con la Virgen de Guadalupe-Tonatzin. O como las advertencias de "La llorona", la madre llorante, quien advierte a sus hijos del peligro. O el encuentro con el "perro del mal" el perro del mal que aparece a aquellos que han traicionado sus conciencias.

ALMA

(SOUL)

Esencia de un ser humano.

El ser eterno de cada persona.

El más profundo dolor es aquel que alcanza nuestra alma. Es ese que tiene que ver con nuestra conexión de vida con otros, "dolor del alma".

ALMA

(SOUL)

Viaje del alma

El alma tiene la propiedad de ser en y afuera del cuerpo aun si el cuerpo pierde ciertas facultades, el alma permanece intacta.

Cuando el alma viaja en nuestros sueños, no hay confusión con nuestra conciencia. Pero cuando viaja durante el estado caminar, la mente pudiera entrar en confusión (ensueño) con ambos mundos. En este caso, el sanador es alguien con facultad para soñar con o sin ojos abiertos eso ayuda a la persona a regresar al mundo ordinario.

Un sanador es alguien con la habilidad de entrar a voluntad en esos dos mundos completamente consciente para lograr esto, el sanador debe haber ido a través de la experiencia de muerte, un festín al que el sanador habrá asistido yendo a la Ciudad Sagrada de Teotihuacán, la ciudad de Dios. De ellos se dice murieron, fueron a Teotihuacán, han sido uno con Teo, Dios.

En la visión del mundo precolombino, el alma tenía tres centros. El hígado (ihiyotl) que regulaba el tipo de sangre del individuo, siendo la sangre ligera, pesada, mala o toxica. Este criterio es aun seguido por latinos y pacientes indígenas valorar las propiedades curativas de sus remedios curativos. Es nuestro humor el que determina la calidad de nuestra sangre y la manifestación de nuestra alma en la sangre. El otro centro es el corazón (Yotl), y su intensidad está determinada por las emociones de la persona. Esto es la parte de nuestra alma que determina nuestro estado anímico. El último centro es el de la cabeza (Tonally) por el cual el alma tiene la facultad de extinguir el cuerpo ya sea por sueño, ensueño, enfermedad, shock o en el proceso de morir. Este es la parte del alma que determina nuestra percepción en el mundo.

ALMA (TORMENTO)

(TORMENT OF THE SOUL)

106

El tormento del alma es el peor tipo de dolor que un ser humano puede experimentar. Es más doloroso que cualquier dolor físico o emocional aun que el de la muerte. El alma se congela, el mundo interno se detiene. Nuestro calor se convierte en "cero dañino", el "perjudicial cero" y una especie de agujero negro que consume toda nuestra energía en vacuidad.

ALMA EN PENA

(SUFFERING SOUL)

Alma sin cuerpo que continúa a ser atormentado por las consecuencias de su vida carnal.

AYUNO

(FASTING)

Abstención voluntaria de alimento con el propósito de purificar nuestra alma o seguimiento de calendario sagrado, por una "manda", (promesa a Dios), o por fortaleza espiritual.

BARRIDA

(SWEEPING)

El equivalente para el mundo interno del barrido de nuestra casa.

El proceso se aplica al acto de remover anímica o emocionalmente impurezas de nuestro campo de energía. A veces, el proceso de barrido es suficiente para restablecer el bienestar de la persona. Si el barrido es insuficiente, la purificación viene a mover más a un nivel más profundo como "purgar" (purgation) o "limpia" (cleansing).

BEBIDA

(HEALING DRINK)

Te de hierbas purificadoras.

BENDICION

(BENEDICTION)

Protección espiritual emitida por una persona con autoridad espiritual, ya sea religiosa o de la comunidad. También es aplicable en casos en que uno ha de llevar a cabo la voluntad de la persona querida, pariente o amigo. Práctica común de padres cuando sus hijos a la cama. Requerimiento para llevar a cabo alguna nueva tarea.

BRAVO

(FEISTY)

Agitación del alma que predispone a un individuo a confrontación o agresión. El término popular es "traer la sangre caliente". El individuo afectado por este estado se encuentra el mismo en el primer nivel de intoxicación emocional de lo que los antiguos mexicanos llamaron "Ocelotl", tigre. El tigre tiene que hacer con las sustancias que se sueltan cuando experimentamos ya sea coraje o temor. El objetivo del tigre interno es proporcionarnos fuerza física para protegernos. La acumulación de energía puede intoxicarnos con rabia, resultando en locura o rabia. Grados menores de energía de tigre puede afectarnos con amargura (Ardido) y "bilis".

BRUJA

(WITCH)

Este término fue aplicado por los invasores españoles a la mujer tradicionalmente curandera de la población indígena, y en general, a cualquier mujer que cure por técnicas desconocidas a los Europeos, el término "WITCH" bruja no siempre trae una connotación negativa prevalece en hombres del centro de Europa.

En curanderismo el término "diablera" (débil worker) está reservado para mujeres que se especializan en embrujar y destruir. Sus clientes frecuentemente son atacados con envidia, celos o el odio. Como las curanderas tienden a congregarse en ciertas regiones (Huautla de Jiménez, Oaxaca, por ejemplo). Las Diableras hacen lo mismo, como en Huautla, en Teolitlán del Camino, Oaxaca. Así que hay que hacer una investigación primero, o pudieras terminar en el lugar equivocado.

BRUJO

(WITCH DOCTOR)

Históricamente ha habido algunas diferencias en como hombres y mujeres entran al mundo espiritual. Las mujeres en Curanderismo, tienen afinidad con la "Luna", la tierra, el ciclo natural, las plantas y elementos femeninos. Las mujeres tienen la capacidad de cargar la vida en su interior, tener por una vez en la vida, dos corazones latiendo dentro de su ser físico. Menos agresividad más compasión y altruismo, por ello, las mujeres han sido las curanderas por excelencia. "Curanderas". Los hombres por otra parte, tienen afinidad con el Sol, fuego, campos repentinos, combate y los elementos naturales, la masculinidad.

BRUTO

(BRUTE)

Estado de extrema estupidez como resultado de la debilidad personal propia. El término tiende a ser aplicado a individuos que pierden su sentido común cuando entran en una nueva relación. Un buen candidato para este estado es alguien que puede resistir cualquier cosa excepto la tentación.

CAIDA DE MOLLERA

(PROBLEMA EN LA PARTE SUPERIOR DE LA CABEZA EN RECIEN NACIDOS)

Alteración después del nacimiento que interrumpe al sistema digestivo, el ciclo de dormir y la disposición general.

CALOR

(HEAT)

Calor es uno de los criterios utilizados en Curanderismo para determinar la naturaleza de un mal o enfermedad. Las polaridades de "caliente" y "frio" son comunes en el modelo de Curanderismo.

Cuando el individuo es ni muy caliente o ni muy frio se dice que él o ella están en equilibrio, sanos.

Hay algunos males por exceso de calor, como infecciones o estados emocionales de enfermedad.

El calor puede también ser un factor de curación. Encontramos esto en el caso de padres que cargan a sus bebés para darles calor. Sin embargo alguien tiene envidia un estado de intenso calor emotivo y carga a la criatura, este estado de calor puede volverse dañino para el niño, quien sin ninguna afección física pudiera desarrollar diarrea, estar inquieto y rehusar dormir. Cuando esto sucede, se utilizan elementos fríos, así como un calor normal de aquellos que quieren al niño como medio de expurgar, purificar el calor tóxico de su cuerpo.

CALENTURA

(FEVER)

Excesivo calor en el cuerpo, particularmente en el estómago y cabeza. La fiebre es usualmente causada por una infección o envenenamiento por alimento. En casos menos comunes el elemento dañino es indigestión emocional, o un pensamiento dañino. En cualquiera de estos casos, la meta del Curanderismo es eliminar el elemento tóxico del cuerpo, emociones o pensamientos.

El sanador determina el nivel natural de la enfermedad. Una vez determinada su naturaleza, sigue el tratamiento. En el caso de fiebres naturales, se usan elementos naturales para restituir el equilibrio, como agua fría, lodo o barro, toallas frías y el uso de tés como yerbabuena y manzanilla. Cuando causa fiebre por un agente emocional, se recomienda ayuno así como "des-ahogo" el salir del ahogo emocional.

Cuando un agente mental causa la fiebre, se recomienda la oración así como tener presencia en lugares sagrados, ofrecimientos, "mandas" (promesas espirituales) y actos de caridad.

CARBONERO

(TRADITIONAL CHIROPRACTER)

Miembro de la comunidad que trabaja principalmente con los músculos y la estructura ósea.

Esta persona es un experto en la relación de su cuerpo con las emociones y ayuda al individuo a reducir su alboroto emocional por medio de reducción de tensión física.

CARIDAD

(MERCY)

Acto de bondad hecho sin esperar nada a cambio.

Ayuda a otra persona, especialmente, cuando la otra persona es un extraño.

Caridad, es dicha en Curanderismo, tiene un efecto medicinal para la persona que recibe y para la que da.

Actos de bondad tienen efectos de purificación en el alma, también para personas afectadas por depresión, culpa, o enfermedades del alma pueden experimentar algún bienestar solo con ser amables con otras personas.

CARIÑO

(TENDERNESS)

Ternura emocional hacia los demás.

El cariño es conocido como la dulzura del alma.

El cariño puede ser compartido solamente cuando hay ternura, cuando nuestro corazón se ablanda. Por tanto, las personas que han endurecido su corazón, o con "corazones de piedra", que son particularmente vulnerables a sufrir de enfermedad del corazón, se les anima a generar cariño. Se les anima a empezar a mostrar ternura en medios ambientales donde no se sientan amenazados, como con niños y mascotas. El cariño relaja nuestro corazón y haciéndolo así prolonga nuestra vida. Como un viejo dicho de Curanderismo dice: "Si vives para amar tu amarás cuando te vayas". Cariño es el encuentro del otro al nivel del alma. Solamente con cariño podemos ver lo que hay de sagrado en los demás.

CEREMONIA

(CEREMONY)

Acto formal prescrito por ritual con propósitos curativos.

CHIPIL

(SPOILED)

Estado de necedad o acomodo emocional de un niño. Los niños se convierten en tiranos cuando carecen de sentimiento parental apropiado.

El "chipil" el niño es totalmente centrado en sí mismo y tiene baja tolerancia a la frustración.

"Chipil" es un niño que explota regularmente y amenaza a otros con su mal comportamiento si sus deseos no son cumplidos, particularmente en lugares públicos.

Los curanderos recomiendan firmeza con esos niños y consecuencias claras por su buen o mal comportamiento. El principal objetivo es extinguir los empujones y manipulaciones de esos niños.

CHOCA

(ANIMOSITY)

Estado común en adolescentes, quienes en sus procesos de independizarse tienden a desacuerdos y a cuestionar a los padres. Estrategias que funcionaron para estos casos cuando eran niños no funcionan cuando han crecido. Los padres ahora son retados a continuar creciendo con sus hijos.

Los adolescentes están en el segundo nivel de vida caracterizado por "emociones", el más confrontador de todos los niveles de vida.

Lo que recomienda el Curanderismo para adolescentes es un simple principio: ningún

116

derecho sin responsabilidad, ni responsabilidad sin derecho.

La adolescencia es un nivel de constantes cambios. Un tiempo cuando el sistema de soporte familiar ha de ser expandido. Idealmente los padres y maestros están entrando en la vida de los jóvenes y una pregunta de carácter espiritual está empezando, un proceso por medio del cual los jóvenes toman contacto con su vocación, su llamado en la vida. Cuando "Choca" (animosity) se convierte en algo muy intenso, se recomienda que otra persona además de los padres, interactúe con el adolescente, especialmente alguien cercano a su edad que pueda servir como compañero en sus dudas que reclaman respuesta.

En otros tiempos este papel puede ser llenado por el Padrino o Madrina (dependiendo del género del adolescente). Otro miembro crucial para los adolescentes es el Anciano. Por el ciclo de vida, los ancianos son en el sitio opuesto de los adolescentes y en una posición ideal para relacionarse con ellos a nivel del alma. Los adultos por sus dificultades, están en la etapa de la "mente", están constantemente perdiéndose de entrar al dominio emocional en el cual los adolescentes tienden a vivir. Los ancianos sin embargo, están moviéndose de la mente al alma y como tales tienen acceso a todos los previos niveles, particularmente al de fuego de los adolescentes. En sitios tradicionales, los adolescentes son motivados a escuchar a sus mayores y estar alrededor de ellos, su energía y calma resulta esencial para la vida de los jóvenes.

CONCIENCIA

(CONSCIENCE)

"Conciencia" literalmente significa "con ciencia"

La palabra significa nuestra facultad para discernir bien del mal.

Un sano sentido de culpa de vergüenza es esencial para nuestro bienestar psicológico y para el de nuestra comunidad.

La ausencia de esta conciencia es una enfermedad, aun cuando la persona afligida por esto no muestre síntomas físicos. En Curanderismo, el hecho que una persona sin conciencia no muestre síntomas de enfermedad, cuando debiera, es un claro indicador que esa persona está afectada por el mal, aun cuando no estén enfermas. La enfermedad es respuesta del alma al intentar restablecer la salud. El mal es la ausencia de alma o amor, la habilidad de llevar a cabo destructividad sin ninguna culpa o remordimiento.

Cuando la persona sufre un ataque de conciencia, los Curanderos recomiendan arrepentimiento de corazón y enmendar sus actos. Si hay arrepentimiento sin actuación que siga esa intención, la mente está en peligro de romperse. Si hay actos de arrepentimiento, pero sin cambios en el corazón, este estará en riesgo de romperse. El cambio deberá llevarse a cabo en ambos planos, "en corazón y mente" como dicen los Curanderos.

CONCORDIA

(CONCORD)

La facultad de alcanzar un acuerdo con otros.

La concordia es la búsqueda activa por soluciones que llevan a cabo las partes involucradas.

Los ancianos están en la mejor posición para hablar con autoridad a otros y hacer un llamado para colaborar.

Esto requiere de cada participante la facultad no solo de cuidar sus propios intereses sino también de los intereses de los demás.

"Concordia" es lo opuesto a "Discordia", representada como su hermana, que da nacimiento con su lengua de veneno a su hijo el rumor. Por otro lado, Concordia da nacimiento a la verdad, y todos en el círculo de discusión es entusiasmado a participar y hablar "Náhuatl" esto es "con el corazón" y entonces la verdad sale como resultado. Si todas las partes hablan la verdad, su voluntad será el terreno común. Los ancianos usan sus corazones para determinar si las palabras salen de sus corazones, o si nacen de la decepción. La Discordia no es bienvenida en el círculo de pláticas, solo lo es la fuente de acuerdos y pactos.

CONSUELO

(CONSOLE)

Reducción de conflictos y discusiones por medio de una fuerza benevolente.

"Consuelo" no elimina sufrimientos pero hace todo soportable. Es por esto que en Curanderismo, aun las enfermedades incurables pueden y deben ser tratadas con "Consuelo".

"Consuelo" no está basada en el acto de curar, pero en el de acompañamiento de nuestra alma a la persona afectada. Es una medicina emocional que mitiga el sufrimiento. También es un apoyo emocional para aquellos que están por sentir un dolor inevitable.

CONFESION

(CONFESSION)

Enunciación de una transgresión espiritual.

La confesión puede ser hecha a una persona religiosa, donde la purificación por la falta a los preceptos establecidos es seguida por medios espirituales. O puede ser hecha a otra persona donde la culpa está dirigida por medios psicológicos y emocionales. En la confesión reconocemos no solo el acto cometido sino también el daño que consecuentemente de ello se deriva. Mientras la confesión ventila el daño cometido, trae consigo el dolor a la conciencia.

CONSEJERO

(COUNSELOR)

Los antiguos mexicanos usaban una palabra para designar la sabiduría de la vida. La llamaron el "Chipote", un golpe en la cabeza. Esta palabra es aún muy popular. Uno puede aprender a golpes en la cabeza, o consultando la cabeza de los demás, en preferencia a aquellos que son más viejos que uno.

Un Consejero tradicional es una persona que utiliza su "Chipote" para dar luz y guía a los demás. Algunos de los mejores consejeros son aquellos que han tenido un pasado turbio, una vida con muchos o grandes "Chipotes" y quienes han compuesto sus vidas. Esos individuos son frecuentemente conocidos como "renacidos" significando que han renunciado y totalmente transformado su pasada vida.

COYOTE

(COYOTE)

Tramposo. Persona que hace trampas, miente y manipula para ganancia personal.

¿Comprende? Persona que evade la ley y convencionalismos sociales, como aquellos que por exorbitantes tarifas pasan indocumentados a través de la frontera.

CRUZ

(CROSS)

Sufrimiento, dolor, o retos que una persona tiene que pasar en la vida para así lograr sus propósitos. Individuos que fallan en llevar su cruz la pasan a otros, combinando sufrimientos en el mundo.

CUATE

(SOUL TWIN)

Del Náhuatl (Antigua lengua Mexicana)

Coatl significa serpiente o gemelo.

El acto de llamar a alguien "cuate" no implica gusto físico. Más bien es un reconocimiento de la afinidad de almas.

La palabra "cuate" está todavía en amplia circulación, aun cuando no es una palabra del español. Y después de centurias cuando las características indígenas fueron vistas como indeseables, la cultura indígena aun emerge. No ha muerto. En muchas partes de América Latina fue común usar la expresión "pareces indio" para significar que la otra persona era un ignorante o no civilizado. Esto fue resultado de la identificación con el opresor y denigrar la naturaleza propia.

El opuesto de "Cuate" fue "Gacho" que significa una persona que niega su herencia y más que relacionarse con otros en condición de respeto y equidad tiende a abusar de ellos o explotarlos. Los españoles que invadieron el Continente Americano, como regla general esclavizo a los indígenas. Las relaciones de Europeos con Indígenas, Mestizos, Africanos, fue de opresores. Los grupos indígenas, los Mestizos o Españoles nacidos en el Continente Americano se refieren a los opresores europeos como "gachupines". Al pasar el tiempo, esos que los emularon fueron llamados "gachos".

"Gacho" y "Cuate" difieren no solo en su naturaleza sino también en la manera de relacionarse unos con otros. El cuate trata a los demás con respeto y empatía, ellos se ven a sí mismos en los demás y a los otros en su sí mismo. El Gacho trata a los demás como no iguales, como si la otra persona particularmente los pobres y étnicamente diferentes como menos importantes que ellos mismos.

El Cuate establece relaciones horizontales con otros. El Gacho quiere relacionarse verticales y quiere estar arriba. El Cuate ve en el otro su gemelo "mi otro yo". El Gacho ve en el otro sus diferencias.

El Cuate ve en el otro la continuación de su propia vida.

El Gacho ve los límites de su vida.

El Cuate establece dialogo con los demás.

El Gacho solamente quiere hacer prevalecer su punto de vista.

El Cuate habla; el Gacho ordena.

El Cuate comparte y escucha; el Gacho es sordo, ignora a los demás.

El Cuate es generoso con su tesoro interno.

El Gacho es codicioso y duro de corazón.

El Cuate siente compasión por aquellos que sufren.

El Gacho los compadece.

CURANDERA

(TRADITIONAL FEMALE HEALER)

Mujer con un regalo para curar.

En la tradición del Curanderismo, la Curandera es una mujer que tiene tres características.

La primera es el regalo de curar. El segundo es sabiduría sobre los principios para restaurar el bienestar al cuerpo y ayudar al alma. Y la tercera es la facultad de entrar al dominio del espíritu a voluntad.

Las Curanderas a través de la historia han sufrido persecuciones debido a la ignorancia, sexismo, racismo y fanatismo.

El Curanderismo guarda sus raíces en varias tradiciones y sistemas de conocimiento, desde el indígena, de tradición Africana y las tradiciones populares de sanación de Europa y el mundo Árabe. Las Curanderas siguen modelos de curación determinados por sus regalos. Pueden tener el regalo de "videncia" (visiones), "Toque de luz" (healing hands), herbolaria (herbalist), "don de gentes" (understanding of human relations), "don de sueños" (interpretation of dreams), "facultad" (ability to contact souls), "limpiadora" (ability to cleanse bodies and environments) "quitar mal-puesto" (remove hexes) or "sanadora" (heales of bodies and souls).

Las Curanderas tienden a ser personas que viven en la comunidad donde sirven y quien ayuda a otros no por ganancia personal y sin finalidad financiera. Ellas ven sus actuaciones como un compartir un don divino. En el sistema del Curanderismo, bien sean naturales o supernaturales fuerzas determinan los diagnósticos de las enfermedades. Una vez que esta principal evaluación es hecha, la Curandera determina el curso del tratamiento. Las curanderas determinan el estado anímico y emocional de la persona. Toman en cuenta para dictaminar el tratamiento indicadores como "paz mental", "ritmo cardiaco", relaciones del paciente, su trabajo, sentidos y propósitos.

126

En Curanderismo, la vida no termina con la muerte. El alma es el centro principal de salud. Aun cuando no haya cura, la Curandera trabaja con el alma del paciente, y con sus seres queridos.

Con el alma en mente, la Curandera incursiona en el mundo anímico del paciente, incluidas sus pasadas relaciones, heridas previas del alma, su conciencia y expectativas. La fe del paciente y sus relaciones personales con Dios son de primordial importancia.

Las Curanderas piden ayuda a la fe del paciente. Una vez que la fe es restaurada, el paciente es considerado espiritualmente curado y en esencial paso hacia su bienestar, incluida la preparación para morir. Las curanderas creen que uno puede sanar en la muerte, que el propósito de la muerte es encontrarnos en un estado sagrado.

La intuición femenina de curar está viva en la Curandera quien tiene una relación personal con la luna, la noche, la tierra, los ciclos y voces de la intuición.

Las Curanderas están dispuestas a perder la vida en su prueba por ayudar a quienes acuden en su ayuda, dicen que ni la muerte las detiene una vez que han alcanzado a atender a la persona. ¿Cuántos de nuestros modernos doctores pueden decir lo mismo?

De los Sanadores antiguos leemos en uno de los pocos textos indígenas que sobrevivieron a las llamas de la Inquisición.

"La Curandera es una maestra de la verdad.

Ella hace sabias las caras de otros.

Ella da a otros su verdadera cara.

Ella ayuda a traer esto en su ser.

La Curandera abre sus orejas; ilumina su mundo interno.

Ella les ayuda a encontrar su camino en la vida.

La Curandera coloca un espejo enfrente de otros para que puedan ver su alma.

Gracias a la gente de sanación se humaniza su corazón:

Ella fortalece todos los corazones.

(Madrid Codex)

El fortalecimiento de corazones consiste en ayudar a ser amigo de corazón y una vez restaurado nunca traicionarlo. La presencia del alma en el corazón es conocida como "coraje".

A veces los pacientes entran en necesidad de despertar de nuevo sus corazones, en cuyo caso la Curandera les presta su coraje. "corazón cura corazón" es uno de los dichos en Curanderismo.

Curanderas han movido su centro en la vida. Ya no son cuerpos con experiencia espiritual sino Espíritus con experiencia física. Se han movido al centro del tiempo de los sueños, cero, infinito, la tierra de la eternidad. Han entrado en paz, el amor desde el cual la vida se desenvuelve y a la cual regresara como les gusta decir "han cerrado el circulo" y la compasión desde las cuatro direcciones, tanto como permanezcan en un estado de desprendimiento, desinterés que trabaja a través de ellos.

DANZA

(DANCE)

Danza sagrada para traer adelante energía sanadora.

DESAHOGO

(ACTO DE NO AHOGO)

Acto de soltar sufrimiento o pena a través de lágrimas, palabras o rituales.

Cuando la gente no expresa dolor o alcanza un cierre, al evento que le provocó tales emociones, acarrean un exceso de agua consigo. Este es llamado ahogo. Este exceso de agua energetizada no permite una propia cantidad de aire al inhalar que llene su cuerpo, haciendo que la persona pierda vitalidad y carezca de entusiasmo por la vida.

El Curanderismo establece que debemos ayudar a la persona, en ahogo, a soltar ese exceso de agua.

Canciones, peregrinajes, ayuno, despertarse, danza tradicional, postura especiales, el uso de plantas sagradas, baños sauna o cuestionamientos espirituales son frecuentemente utilizados para poner al paciente en posición de permitir que su corazón se rompa, se abra.

Una vez que el desahogo se ha practicado el aire sanador puede llenar el cuerpo. Y ya con aire, se puede prender el fuego, la pasión por la vida, el sentido de significado y propósito como uno solo vive su destino.

DESALMADO

(WITHOUT SOUL)

Pérdida del alma.

Estado que se caracteriza por la pérdida de facultad para sentir como propio el sufrimiento de los demás. Esto, a su vez, sucede cuando uno pone su vida en espera y no está en contacto con su vida presente, un predicamento muy común en aquellos que emigran a otro país o aquellos que experimentan culpa de sobrevivencia.

Endurecimiento del corazón al punto en el cual uno es incapaz de amar.

DESCANSO

(REST)

Descanso del alma, como resultado de profunda relajación, de pérdida del cuerpo.

DESHEREDADO

(WITHOUT HERITAGE)

Pérdida de herencia o última voluntad.

Acto de remover el nombre de otros de propia relación o testamento.

DESTINO

(PURPOSE)

Meta y significado a alcanzar un propósito en vida.

El Curanderismo establece que hay un propósito intrínseco hacia todo lo que pasa.

Cuando una persona está en sintonía con su propósito, la vida es vivida completamente y sus arrepentimientos. Talentos florecen, uno se convierte en fértil. Pero cuando uno no responde al propio llamado, uno está quebrado, mitad de sí mismo, incompleto y no realizado.

Uno no puede entonces ser completamente y sufre de vacío, el "Complejo de Jonás". El calor ya no está en el cuerpo de uno, porque lo hemos negado. "¿Está en tu corazón contigo?" es una pregunta común que se hace el Curandero. Y sentir su corazón con ellos, pueden decir si está con nosotros.

Destino es el proceso por el cual vivimos nuestro corazón.

DEUDA

(DEBT)

Un acuerdo de asumir una deuda por otra persona o regresar un acto de bondad.

Una deuda no recompensada puede causar disturbio emocional y debe ser dirigido para que se lleve a cabo una sanación.

DIA

(DAY)

Significa ambos un día completo y parte del día donde halla luz solar.

En Curanderismo día y noche son usados para evaluar la naturaleza de la enfermedad del paciente.

Enfermedad de día tiene que ver con su mente consciente mientras que enfermedad nocturna tiene que ver con su alma y el paciente puede que no esté consciente o enterado de su causa.

A veces, los Curanderos pueden esperar a que la noche tienda sus dominios donde la sombra del paciente se proyecta, momentos en que su mundo interior emerge.

DIA DE LOS MUERTOS

(THE DAY OF THE DEAD)

Dos días en noviembre para honrar a los que han pasado a otra vida. Es un tiempo cuando la muerte es públicamente reconocida. Se lleva a los cementerios: comida, música, regalos, poemas y ofrendas, habiéndose colocado todo en altares con objetos y fotos de aquellos que hayan pasado a mejor vida.

 Es un momento de comunión entre los encarnados y las almas también es un tiempo de solidaridad con aquellos que han sufrido una pérdida de un ser amado, en especial en el día primero noviembre día de los niños.

El segundo día de noviembre es el día de honrar a los que han pasado al más allá, una oportunidad para expresar los sentimientos o compartir palabras que no pudimos decir al difunto.

Es también tiempo cuando la gente reconoce su propia mortalidad, haciendo poemas y epígrafos para amigos y parientes. Aquí reconocemos lo que hemos hecho en la vida. También confrontamos la importancia de hacer o terminar negocios pendientes.

DISGUSTO

(DISGUST)

Pérdida del humor.

Reacción física o toxinas emocionales.

DISCORDIA

(DISCORD)

Promueve animosidad, aversión, ojeriza, antagonismo.

Ver "Concordia".- Instrumento jurídico de conformidad, entre personas que contienden o litigan.

DON

(REGALO)

Un regalo del cielo destinado a ser compartido con los demás. Los Curanderos creen que su regalo por la salud pertenece a todos aquellos que lo buscan. Es un préstamo de Dios. Es también un título de vida. Significa alguien que ha alcanzado la riqueza del propósito de la vida y que ha conquistado lo de sus demonios. El titulo para la mujer es "Doña" y uno tiene que esperar llegar a la edad avanzada para recibir este título.

DOLIDO

(WOUNDED)

Herida emocional.

Se refiere a experimentar decepción o pérdida de autoconfianza.

DUENDE

(ELF)

Mensajero personal del inframundo quien guarda un tesoro interno.

EMBRACILADO

(BEBE QUE QUIERA ESTAR CARGADO TODO EL TIEMPO)

Cuando esto sucede es común con el primogénito cuando los padres son inexpertos.

EMPACHO

(FOOD POISONING)

Usualmente la causa es física; sin embargo, a veces, es causado por estar molesto y teniendo no estomago para tratar con una situación familiar.

EMPASTO

(UNGUENT OF CLAY)

Uso de lodo para remover el calor excesivo del cuerpo, aplicado primero en el estómago y la frente.

EMBRUJO

(HEXED)

Estar bajo un agente sobrenatural.

ENCANTO

(ENCHANTMENT)

Del latín "canto", cantar monótonamente.

Uso de la voz o la gracia para mágicamente influenciar a otros.

ENCOMIENDA

(COMMISSION)

Dejar en manos de Dios u otras con misión divina.

ENGAÑO

(DECEIT)

Distorsión intencional de la verdad. Falsario con el propósito de controlar o manipular.

ELEVACION

(ASCENDANCE)

Alma conscientemente viajera.

ENSEÑANZA

(TEACHING)

Lección importante para la comunidad o el mundo.

ENVIDIA

(ENVY)

Una de las principales fuentes de la brujería.

La envidia no solo desea las bendiciones de otros sino que desea mal o dejar sin fortuna. Se regocija en el sufrimiento de los demás.

ESTRELLA

(STAR)

Referencia espiritual para la vida de una persona.

La estrella deja los regalos con los que hemos sido bendecidos de por vida y es también la fuerza que nos llama en una dirección especifica particular.

ESPANTO

(FRIGHT)

Choque emocional que causa al alma a dejar el cuerpo o a congelarlo. "Esto es "susto".

(Trauma emocional) en su fase extrema.

ESPERANZA

(HOPE)

Energía sanadora que carga con vida el corazón aun cuando no hay futuro previsible.

ESPIRITU

(SPIRIT)

Ser sobrenatural, sin límites a leyes naturales.

ESCALOFRIO

(CHILLS)

Ola gélida sobre el cuerpo causado por fuerzas naturales o sobrenaturales.

FLECHA

(ARROW)

Flecha invisible que causa daño.

"Retorno de flechas" es el proceso de regresar las flechas a su lugar de origen.

FE

(FAITH)

Confianza en el divino.

Elemento activo del alma que activa el secreto curativo de las reservas del cuerpo y el mundo.

FORTUNA

(FORTUNE)

En Curanderismo nada es "causal". Por tanto la vida de la fortuna no puede condicionar nuestro deseo, carácter o fe.

FUEGO

(FIRE)

Factor de calor que opera a cuatro niveles, físico, emocional, mental y espiritual.

Como otros elementos esenciales (tierra, agua, aire), el fuego puede curar y dañar.

Tenemos un centro con nuestro propio sol interior "KINAB" es como lo llaman los Mayas. Este centro está conectado con el Sol y nosotros podemos regular nuestra energía sanadora con él. Hay ciertos remedios, actividades y posiciones que podemos hacer ya sea para elevar el fuego o reducirlo. El fuego es energía en sí mismo. A veces, los Curanderos han de almacenar suficiente fuego en ellos para alcanzar el alma de algún paciente.

GUSTO

(GUSTO)

Alegría por la vida.

HECHICERO (A)

(BEWITCHER)

Persona que maleficia a otros.

HERIDA DEL ALMA

(SOUL WOUND)

Sangrado energético debido a herida del alma.

HISTORIA

(PERSONAL HISTORY)

Anécdotas recopiladas en forma de historias que contienen lecciones de vida.

En el mundo personal, cada individuo tiene historias que revelan su carácter.

A veces la gente no se imagina cuál es su historia y están necesitados de guía.

Los Antiguos Mexicanos usaron un mapa del alma para determinar el nivel en el que el individuo estaba en un momento determinado de su vida. Ese mapa fue usado antes por los Mayas y Toltecas y se encuentra todavía en el Calendario Azteca, también llamado Piedra del Sol.

El calendario tiene dos componentes primarios. Uno para el "tiempo" y otro para el "ser". El tiempo fue determinado usando varios sistemas, entre ellos, el calendario largo y corto, el lunar, solar y calendario de Venus. "Siendo", en la otra mano, fue valorado usando los indicadores siguientes:

1 Vitalidad (Energía del alma en el cuerpo)
2 Modos (Alma y sombra)
3 Áreas del alma (Sangre, Aire y Ánima)

4 Direcciones (Este, Norte, Oeste y Sur)

4 Elementos (Tierra, Agua, Viento, Fuego)
20 Estados de Ser (10 por los niveles de la Serpiente
10 Por los estados del Águila)
22 Niveles (9 Inframundo y 13 superiores al mundo)

Mientras que Freud y sus discípulos venían con unos cuantos niveles de conciencia (tales como inconsciencia, subconsciencia y consciencia (tales como inconsciente, subconsciente y consciente) y los Psicólogos Modernos en un intento por hacer una gráfica del consciente desde su dominio más leve hasta el más alto nos han dado una docena de niveles. Los antiguos Curanderos han desarrollado, veamos:

1X2X3X4X20X22=42,420 niveles!

HIERBA

(HERB)

Planta con propiedades curativas.

HONRA

(HONOR)

Esencia de integridad personal

Honor es considerado el centro de curación del bienestar emocional de una persona a nivel del corazón.

HOMBRERA

(FEMME FATALE)

Mujer seductora.

HUESERO

(BONE DOCTOR)

Sanador tradicional especializado en estructura ósea.

HUMOR

(HUMOR)

Fácil movimiento del alma en una persona.

Buen Humor es asociado con "sangre ligera".

Mal Humor es asociado con" sangre pesada" y mala sangre, esto es, energía tóxica.

HUNDIDO

(BEING DOWN)

Estar decaído.

Persona que experimenta con depresión.

Un tipo de depresión es causada, cuando una persona no puede salir de sí misma.

Otro tipo es primordialmente físico y la tercera es causada por trauma

Los Curanderos evalúan si es posible ayudar a la persona en elevarla a su vida normal, y si esto no es posible, apoyar el camino de la persona adentrándose en el misterio y salir adelante al otro lado del abismo.

JARIOZO

(LUST)

Extremado apetito sexual.

En este caso, la persona ha sido víctima de una influencia o pócima. Entre más fuerte el deseo de una persona el exceso tiende a trabajar más de esta manera la gente joven tiende a ser particularmente vulnerable.

JURADO.

(SACRED PROMISE)

Promesa formal a Dios.

Es más probable que ocurra cuando un pariente está en situación crítica. El individuo promete a Dios que dejara de hacer algo u ofrecerá algo de valor. Para muchos es dejar de tomar bebidas alcohólicas o dejar de fumar.

Muchos problemas del alma se desenvuelven cuando una persona rompe su sagrada promesa.

LLAGAS DE CRISTO

(WOUNDS OF CHIRST)

La experiencia de sufrimiento no merecido o dolor.

Uso de "vía punitiva" como ofrenda a la divinidad.

LLORONA

(WEEPING WOMAN)

La historia de una madre que llora buscando a sus hijos que se originó en tiempos precolombinos.

A veces la "mujer llorona" aparece antes que tragedias personales o, mejor dicho, que tragedias colectivas sucedan, advirtiendo a la gente del peligro por suceder.

LECCION

(LESSON)

146

Conocimiento usualmente aprendido de tragedia o desgracia.

LECHUZA

(OWL)

Mensajero del otro lado de la vida, o embajador por un alma.

LIMPIA

(CLEANSING)

Purificación profunda del alma al remover elementos tóxicos del alma generados ya sea por el cliente, absorbidos por él o que el posee por otros agentes.

LODO (CLAY)

Tierra rica mezclada con agua y aplicada al cuerpo para absorber impurezas físicas o excesos de calor.

LUGAR SANTO

(SACRED SITE)

Natural o humano hecho santuario.

LUMBRE

(DOMESTIC FIRE)

Fuerza activa del fuego guiada por un ser humano persona ansiosa.

LUNA (MOON)

Satélite natural de la tierra.

El mes lunar coincide con el periodo de menstruación femenina.

Los 13 meses del año lunar fueron usados para la agricultura y para la valoración de los ciclos de plantas sanadoras. Hay también 13 mundos elevados de acuerdo con los ancianos Curanderos.

La luna es considerada un elemento de influencia positiva para la inspiración y la intuición.

"Lunadas" consisten en reuniones durante noches de luna llena.

LUZ (LIGHT)

Indicador de la presencia del alma en un individuo, particularmente en los ojos de él o de ella.

MAL

(LIGHT)

Fuerza supernatural que pueda causar daño energético.

El mal es considerado "fuerza" y no poder. El mal es destructividad y no solo agresión, la falta de habilidad de cambiar sufrimiento en compasión.

MAL DE AMORES

(LOVE ILLNESS)

Corazón que no puede reponerse y amar otra vez.

149

MAL DE AIRE

(AIR ILLNESS)

Pérdida de propia perspectiva en vida.

También se aplica a individuos que cambian lugar con su "cuerpo soñado", los que despiertan de sus sueños pero que sueñan en el mundo cotidiano. De ellos se dice en Curanderismo que su mundo es "patas arriba" "de cabeza". Solamente un Curandero que tenga un "doble" (esto es, un consciente "soñador corporal" puede entrar en el sueño de la persona afligida.

MAL DE AGUA

(WATER ILLNESS)

Enfermedad en el elemento liquido del individuo, ya sea física o emocional.

También se aplica a individuos altamente susceptibles a la luna y sus ciclos.

MAL DE JUDAS.

(JUDAS S CURSE)

Traición

MAL DE TIERRA

(CHANGE OF FORTUNE)

Cambio de fortuna o mala fortuna a causa de codicia.

MAL DE OJO

(EVIL EYE)

Lo opuesto a "buen ojo", mal de ojo.

Brillo de los ojos que daña.

Una persona con mirada fuerte es alguien con intensa energía, ya sea para "buen ojo" o por maldad.

MANDA

(PERSONAL PILGRIMAGE)

Una peregrinación conducida para realizar una promesa "sagrada personal".

MAL EDUCADO

(LACK OF MANNERS)

Aplicado especialmente a niños que no siguen ordenes de sus padres ni sus enseñanzas.

El peor tipo de mal comportamiento es llamado "desmadre" esto es "voltearle la espalda a su propia madre".

MALDICION

(CURSE)

Invocación a una fuerza negativa para traer daño a otros.

MANDAMIENTO

(COMMANDMENT)

Regla sagrada que sigue una persona.

MANO

(HAND)

Las manos transmiten energía positiva o negativa.

Un buen crupier se dice que tiene "buena mano" "good hand".

MARCA

(MARK)

Señal en el cuerpo físico o etérico de un individuo que indica una energía positiva o negativa.

MISERICORDIA

(MERCY)

El centro activo de compasión.

MOMIA

(MUMMY)

Se aplica a esas personas que no dan señal de vida emocional. Los Curanderos tienden a tratar esta enfermedad con hierbas, ayunos, peregrinaciones, pidiéndole al paciente siga actos de bondad y también seguir rituales y ceremonias en las cuales les traen recuerdos del pasado.

MUERTO (A)

PERSONA FALLECIDA

La pérdida del centro vital de uno.

Experiencia de vacío en grado profundísimo, estado depresivo.

Extremo pesimismo, congelamiento del alma, alcanzar el punto donde la propia voluntad se vuelve contra él o ella.

En casos extremos el Curandero auxilia al paciente en ir a través de una transformación espiritual donde el "egocidio" (y no suicidio) es el objetivo.

Aquí, el encuentro con la propia muerte es experiencia inevitable; la persona no puede salir "fuera" de la depresión. Él o ella va a través de la noche oscura del alma".

Los ancianos Curanderos grafican nueve mundos ocultos.

1. Rio

2. Encuentro con altas montañas
3. Montaña de obsidiana
4. Vientos gélidos
5. Banderas ondeando
6. Flechas
7. Bestias feroces
8. Pasos angostos entre rocas duras
9. Oscuridad de inmovilidad

MUJERIEGO

(WOMANIZER)

Hombre que tiene muchas mujeres. También conocido como "enfermedad de Narciso".

NOCHE

(NIGHT)

Tiempo del día cuando el alma se desdoble del cuerpo y la sombra revela el sitio escondido de nuestra luna-profunda.

NEGRURA

(CLOUD OF DARKNESS)

Velo que cubre la conciencia de uno.

Inhabilidad para ver a causa de la debilidad de corazón.

NERVIOS

(NERVES)

Nerviosismo o ansiedad.

Es también usado para definir una enfermedad emocional.

OFRENDA

(OFFERING)

Ofrenda a la Divinidad

OLVIDADO

(Vanished)

Experiencia emocional poscrita por traición de familia o el honor fraterno.

ORACION

(PRAYER)

Relación consciente con Dios.

El Curanderismo es de la creencia que la oración siempre trabaja, aun cuando no siempre logra nuestras expectativas.

PANDEADO

(TWISTED)

Individuo que finge profunda comprensión solamente para después vaciar con coraje lo compartido con él en confianza.

PALPITACION

(PALPITATION)

Agitación del corazón a causa de ansiedad o llamado del corazón.

PAZ

(PEACE)

Estado de calma y bienestar del alma.

"Paz-ciencia" significa literalmente "ciencia de paz".

Algunos Curanderos comparten con sus clientes un grupo de principios de la "ciencia de la paz" como forma de atención a su preservación y mejorar su bienestar.

La oración de San Francisco tuvo alguna popularidad en muchas corrientes del Curanderismo, en gran parte debido a sus similitudes con las oraciones indígenas.

PENITENCIA

(PENITENCE)

Acción humana para librar la culpa.

PEREGRINACION

(PILGRIMAGE)

Viaje, generalmente a pie – a un lugar sagrado, tiene parte de experiencia colectiva, cuestionamiento espiritual personal, o bien para lograr deseo de una promesa sagrada.

PERDON

(PARDON)

Cancelación de una deuda o traspaso.

Misericordioso.

Las "cuatro rondas" son acostumbradas en algunas tradiciones del Curanderismo, especialmente cuando uno tiene la oportunidad de prepararse para la muerte. Porque la mayoría, el día de la muerte nos ofrece esta oportunidad. Las cuatro rondas consisten en completar lo siguiente:

Perdóname

Te perdono

Gracias

Te quiero

PERRO DEL DIABLO

(DOG OF EVIL)

Perro negro con ojos rojos visto o soñado por una persona que ha prometido lo imperdonable.

PIEDRA

(STONE)

Endurecimiento del corazón como manera de bloquear el sufrimiento.

El endurecimiento del corazón también impide a la persona dar o recibir amor.

PROTECCION

(PROTECTION)

Objeto o elemento usado para protección de fuerzas negativas. También empleado para rituales y ceremonias que protegen el alma.

POSESION

(POSSESSION)

Presencia de una fuerza o espíritu usurpador en una persona.

PURGACION

(PURGE)

Purga física o energética.

REDENCION (REDEMPTION)

Restablecimiento de vida espiritual a través del perdón, piedad o sacrificio.

REMEDIO

(REMEDY)

Restaurar el poder de las hierbas, rituales o ceremonias usadas para curaciones.

REMOLINO

(TWISTER)

Fuerza turbulenta que afecta el "aire" y la mente del individuo.

RENCOR

(RANCOR)

Putrefacto del dolor nacido de una herida emocional que se ha infectado.

RITUAL

(RITUAL)

Ceremonia de significancia personal para sus participantes.

A veces, cambiando sufrimiento en significado y compasión.

SACRIFICIO

(SACRIFICE)

Proceso voluntario de mortificación con propósito de mitigar o evitar el dolor a otros.

SANGRE

(BLOOD)

Campo energético de la condición del individuo por la pureza de toxicidad de su alma.

La sangre, dependiendo de la presencia de buen o mal aire puede ser de cuatro tipos: "

 Light blood (sangre liviana), sangre de la más alta calidad.

"Heavy blood" (sangre pesada) energía con algunas impurezas recientes.

" Bad blood (sangre mala) energía con elementos tóxicos crónicos.

" Irrumpting blood " (sangrón), energía infectada tóxica.

SEQUEDAD

(DRYNESS)

Persona sin sentido del humor.

CIZAÑA

(POISON)

Infecta con palabras ponzoñosas.

SOBADOR (A) (MASSEUSE)

Masajista tradicional

SOMBRA

(SHADOW)

Parte de la persona generalmente en el inconsciente, que habita en el lado oscuro de la luna.

Visible generalmente durante un "eclipse personal" o episodio, indicando que la persona está en necesidad de cambiar su oscuridad interna por luz.

SUEÑO.

(DREAM)

Viaje del alma

Hay tres dominios principales del alma:

Vigilia, o conciencia ordinaria. Soñando o dando pasos bajo conciencia ordinaria. Y

Ensueño o yendo por encima de la conciencia ordinaria, un viaje consciente del alma durante un estado como de sueño.

SUSTO.

(TRAUMA)

Pérdida parcial del Alma, debido a un trauma o shock.

El alma, según el Curanderismo versa primeramente al nivel del cuerpo, las emociones, y la mente. "Susto" impacta todos los tres niveles, y debe ser relacionado con cada uno de estos dominios.

Es común para los Curanderos hacer que los pacientes viajen al tiempo y lugar de su trauma y apoyarlos a través de su viaje.

TRAICIONADO.

(BETRAYED PERSON)

Persona que sufre el estrago de una traición.

Depende del nivel de intensidad de la traición y de cómo se maneje el sufrimiento, la persona puede ser herida (sufrido) lastimado (en sufrimiento) o quemado (ardido). En cualquiera de los casos, el propósito del Curanderismo, es quitar o evitar la infección de esta herida y acelerar su curación natural.

TIERRA.

(LAND)

Uno de los cuatro principales elementos del Curanderismo, siendo los otros: Agua, Fuego, y Aire. Señalan el origen de un individuo.

El conocimiento de la comunidad de uno, es la introducción en los mundos indígena y Latino.

La antigua palabra mexicana de tierra fue " TLAN " y la curación no será completa a menos que el individuo no solo "encuentre su sí mismo" sino que también encuentre su lugar.

Interferir el sentido de lugar de otra persona es conocido como "hacer tierra", esto es," meter el desorden en su terruño"

TIERRA CALIENTE.

(HOT LAND)

Lugar de clima tropical.

TRABAJO.

(HEX)

Elemento físico o anímico con propiedades dañinas.

TRISTEZA.

(SADNESS)

Corazón herido, aflicción del alma.

Tristeza prolongada puede ser un gatillo emocional y enfermedad física, así que los Curanderos auxilian a la victima de tristeza en la indagación por significado y esperanza en sus vidas

ULTIMA PALABRA.

(LAST WORD)

Palabra o deseo de una persona, justo cuando está cerca de morir.

UNGÜENTO.

(UNGUENT)

Elemento físico usado sobre la piel con propósito curativo.

UNION DIVINA.

(DIVINE UNION)

Ultimo estado del Ser, con frecuencia alcanzando momentos antes de morir.

Los Curanderos ven la enfermedad como una oportunidad para purificación del Alma y la unión con lo Divino, un proceso que requiere del individuo, estar en paz con su alma. Esto puede requerirles aclarar el aire a su alrededor, dialogar con sus seres queridos y miembros de su círculo. Es el tiempo de enfocarse en lo que es esencial, ver el mundo con los ojos del espíritu y descansar seguros de que uno continua viviendo en el amor que uno deja atrás y todo el amor del mundo. Todo esto lo afirma el Curanderismo puede ser dado en un solo suspiro.

VALOR

(VALOR)

Acto de bravura que se reclama al corazón mismo.

VENGANZA

(VENGEANCE)

Castigo en relación con una injuria u ofensa. Oportunidad desaprovechada para ver a Dios a través del sufrimiento.

Daño que se convierte en "cero negativo" un ciclo de destrucción.

VIGILIA

(WAKE)

Privación voluntaria del sueño con propósitos espirituales.

VISION

(VISION)

 Apertura temporal de los ojos del individuo.

VIBORA

(SNAKE)

Persona que como víbora riega veneno con su lengua.

ZOPILOTE

(VULTURE)

Persona que solo aparece por ganancia personal

Cuando otros están carentes de buena fortuna.

MOVING TOWARDS THE SELF.

Moviéndose hacia el sí mismo.

La búsqueda por nuestro auténtico sí mismo ha sido la recomendación de todos nuestros grandes maestros. Leo Buscaglia, uno de los más amados seres humanos que jamás haya caminado esta tierra, nos dejó palabras de sabiduría que puede señalarnos la dirección correcta, la única para encontrar nuestro verdadero ser es- cúchenlo: No enseño amor de clase: aprendo de él. No puedo enseñarte nada que no sepa.

Pensamos ser mayores debemos ser independientes y no necesitar de nadie y es por eso que estamos muriendo de soledad.

Libérate de etiquetas el amor es aprendido.

El autoconcepto que aprendemos viene de nuestra familia. Tú controlas tu destino.

El opuesto al amor es apatía.

Deja de imponerte sobre los demás.

Amor es compartir.

La gente primero, las cosas en segundo lugar.

El conocimiento no es sabiduría.

La muerte nos enseña el valor del tiempo.

Ama y no esperes que te lo regresen.

Si tu no esperas, tienes todas las cosas.

No seas predecible: hamburguesas a la luz de las velas.

Abraza el cambio.

170

Muestra lo que sientes.

Si dejas tu vida en manos de otras gentes nunca vivirás.

Hay dos grandes fuerzas trabajando externa e interna.

Lo que importa realmente es la interna.

Tú eres el tú perfecto.

Hay valor en el sufrimiento.

Libérate de esperanzas.

Admírate, asómbrate.

El tú de ti es ilimitado.

Riega el vino y grita ¡Alegría!

Sal de ti entra en nosotros.

Todos quieren una definición.

He hecho la paz con la muerte.

Porque eres humano tienes magia: haz contacto con ella

Sé más comprometido en no enseñanza, que en aprender.

No me sigas a mí, síguete a ti.

Tú puedes juzgar tu nivel de salud mental al grado que puedas formar significativas y duraderas relaciones.

Y estas fueron frases que él dejó, solo de paso.

Tú ves, cuando vives tu vida completamente, tú transmites verdades duraderas con palabras que vienen a ti, tan fácilmente como respirar. Tú compartes lo que tú eres, no tanto lo que piensas. Y las palabras de Leo pueden llevarnos al lugar de donde vinieron, el lgar del bien-estar y la íntima experiencia de vivir la vida al máximo

PACIENCIA Y LOS CUATRO ELEMENTOS.

No obstante que elemento domine en nuestro caso particular, todos tenemos que aprender sobre paciencia. Nos podemos beneficiar de las sugerencias expuestas que he aprendido durante mi viaje hacia el yo mismo. Revísalos.

No siempre obtienes lo que quieres.

Algunas veces obtienes lo que no quieres. Espera.

No puedo cambiar a otros

¿Temor o amor? Es la pregunta.

El conocimiento no es lo mismo que la experiencia

Ahora no es el momento.

Apertura al momento presente: bienestar.

Las multitareas solo agregan estrés. Alcanza las cosas simples.

Crea tiempo espontáneamente: tiempo del ahora.

El ritmo cambia al estar en contacto con la naturaleza.

Aprecia el espectro completo de la vida.

¿Qué es lo que más valoro?

Presta atención

Ve más despacio.

Piensa dos veces tus prioridades.

Toma tus propias decisiones.

Enfócate en el ahora

Cimiéntate en tu respiración.

Y ahora, ¿qué tal eso?

 El punto es solamente mantenerte ligero, o recupera ese estado de ser

Y ten unas palabras listas para traerte de regreso a la corriente de la vida esas palabras son rutas para nuestra navegación, y algunas de ellas son buenos instrumentos para mostrarnos el camino de regreso a la armonía de la vida.

Las compartiré con el mismo buen aire con el cual las he recibido. ¿Cuáles son las palabras de verdad con las que te has cruzado en tu camino? Apuesto que tú puedes seguir adelante encontrando muchas de ellas, si solo te lo permites consultando tu corazón y vas a lo profundo.

Entre más profundo vayas, más encontraras. A veces es porque has conocido el dolor y sufrimiento que puede estar ahí por otros y sabe justo el momento adecuado para tal ocasión. Empatía, sabiduría, nacidas desde tu propio dolor.

Así que puede siempre encontrar grandeza en tu corazón, aun cuando tú estés yendo a parar entre el dolor.

Que maravilloso instrumento es el corazón, el que puede cambiar todo lo que haya pasado, en bien. El bien puede venir siempre desde el corazón. No importa que cosas haya pasado por él. ¡No es algo asombroso!

Así que ve profundo en tu corazón. Deja las palabras de sabiduría que emerjan, pero no las busques como sabiduría.

Solo recuerda los momentos memorables de tu vida, los momentos cuando hayas sentido más amor. Tú encontrarás eso en esa ocasión, fue algo preciado dentro de ti. Un sentimiento, que cuando lo pones en palabras acarrea la luz de la sabiduría. Quédate con ese amor por un tiempo, la luz que brillará a tu alrededor cuando te entregues completamente a esa experiencia, esa luz no es otra cosa que sabiduría.

GENERO CULTURA Y LOS CUATRO ELEMENTOS.

Los cuatro elementos, aun cuando universales, son expresados y dirigidos siguiendo específicos patrones culturales.

Ilustraré este fenómeno compartiendo estrategias culturales que han sido efectivas en hacer que padres latinos se involucren en salud y educación.

Estos esfuerzos han sido disparados por resultados en investigaciones que apuntan a asombrosos impactos que padres latinos tienen sobre la salud y educación de sus hijos. En un reciente estudio conducido por el Centro Nacional para Estadísticas en Educación, se ha encontrado que el involucramiento en la educación de padres latinos en la educación de sus hijos es directamente correlacionado con sus mejoras sustanciales en las siguientes áreas:

1) Avances académicos.
2) Repetición de grados.

3) Suspensiones y expulsiones.
4) Participaciones en actividades extracurriculares
5) Disfrute del ambiente escolar.

Sin embargo tales esfuerzos no han dado muchos resultados.

Lo que vale la pena, déjenme arrojar mi sombrero en la arena, y compartir mi experiencia en lograr que los padres Latinos se involucren en programas de salud y educativos.

Primero que todo, he visto que dondequiera que los padres Latinos se involucran en esfuerzos por la salud y educación lo han hecho, porque han sido comprometidos por sus familiares, en muchos casos por sus esposas.

Sus compromisos no siguen la motivación usada por campañas educativas o de salud, cuando tratan de informar a la Comunidad de aspectos clave que marcarán una diferencia en sus vidas.

Los hombres latinos simplemente son llamados a atender, y dando poca información de lo que se verá en la reunión. ¿Sorprendente, no?

Sin embargo, ese es la principal manera por la cual los padres Latinos han venido a participar en cualquier importante asunto relativo con la salud y educación, su conciencia de estar informados no es la motivación que los lleva a asistir. No deja de existir una forma de aliento estimulante rayando en coerción.

Esta coerción sucede al principio y raramente más de una vez.

Llegan al lugar de reunión, y ellos están expectantes de lo que será.

Han sido reunidos en un edificio, con un facilitador y todos ellos saben que la reunión durará el resto del día.

No están ahí por propia voluntad pero apaciguar los ánimos y confiar en alguien en quien confían, así es como llegaron ahí: por presión externa.

Pero si han de involucrarse alguien va a tener que alcanzar su mundo interior.

Esta es la tarea del facilitador quien solo tiene una oportunidad.

El facilitador – un hombre Latino – Da un vistazo general del predicamento de los hombres latinos viviendo en los Estados Unidos. Es un viaje que los lleva por un recorrido por factores culturales e históricos conocidos como "La gran historia".

Con la gran historia llegamos a ver el predicamento de los hombres latinos durante los pasados quinientos años. Destacan el trauma histórico de invasiones Europeas y el impacto sobre la población indígena. El impacto sobre la estructura familiar. Las formas de opresión sufridas y el sentido de las heridas sobre la identidad de los indígenas y mestizos bajo tal orden social. También se trata la devastación que cayó sobre el papel del padre durante la colonización. Destacan la ambivalencia psicológica que sintió el hijo hacia su padre quien frecuentemente no lo reconoce como su hijo, bajo un trato despectivo lo llama "hijo de tu madre". Y otro que habla de lo bastardo que deambula por ese mundo "¡Yo soy tu padre!

Hacemos destacar la búsqueda de una nueva identidad por los hombres que pelearon por la Independencia: Su punto de referencia ya no fue Europa, sino su tierra indígena, y su nombre indígena. Fue una afirmación de su tierra y su etnia, y la presencia de su espiritualidad indígena bajo formas cristianas. .Guadalupe la virgen indígena "Tonantzin" fue llamada nuestra madre. Y los hombres tomaron este nombre para ellos mismos, bajo un grupo conocido como "los Guadalupanos" fueron autores de otra revolución interna. Esta tuvo que ver con la honorificación de las mujeres, de sus vidas, comenzando con sus mamás, sus esposas, sus hijas. Y las Guadalupes dieron nacimiento a un ritual que fue el corregir el abuso de mujeres durante la colonización. El ritual consistente en hacer que cada participante haga una solemne promesa de amar y proteger a la mujer, y nunca golpearla "ni con el pétalo de una rosa". El reto de nuevo entonces fue la restauración de la paternidad en nuestras comunidades. Y nosotros destacamos algunos de los esfuerzos de nuestros ancestros. Con compartir estos elementos, el conocimiento colectivo empieza desenvolverse, mientras nadie se sienta abandonado.

178

Alrededor del grupo comenzaron a hacerse meditaciones. Y las chispas de concentración interna infundio en el grupo luz y vida. Esta energía grupal fue conocida por los ancianos mexicanos como "Xiucoatl" que significa serpiente como de fuego. Y es este "Xiucoatl" que crea el ambiente adecuado para que el individuo traiga por delante su alma.

Elementos de la cultura popular son traídos a la narrativa. Historias, leyendas, mitos, canciones, dichos. Hay "conocimiento" y los participantes comienzan a "reconocer" partes de sí mismos en ello. Ahora la relajación ha tomado su lugar al mismo tiempo que una conciencia de nosotros alimentada. Esta es una posición epistemológica raramente tomada en organizaciones de corrientes principales. Con el nombre latino, la "I" solamente en lo superficial en un sentido de significación una vez que se establezca el "nosotros" claramente establecido "abrirse" no sucede al principio. Es un riesgo. Un peligro.

Las que están a cargo de abrirse son las mujeres, no los hombres y esto está implícito en expresiones populares, como cuando un hombre amenaza a otro a pelear, dirá: "¡ABRETE! (esto es abre tu ser arriba) y si el otro lo hace, pierde.

Si va a haber un ábrete, primero el ambiente adecuado ha de ser creado. Culturalmente el ambiente permisivo es creado por hombres, con hombres, para hombres. Y tiene que haber un líder. Alguno que pueda apuntar el camino. Uno que encabezara haciendo. La apertura de los participantes descansa en la apertura del facilitador, quien enseña desde la mente y comparte desde el corazón. En este primer nivel el proceso es" líder centrado". Esta persona, a fin de alcanzar la parte interna de los participantes debe ser un individuo recio Alguien que pueda abrirse a sí mismo, sin perder su virilidad. Alguien fuerte. Alguien con "poder personal ". Ni posición externa, ni título social puede darle este poder. Esto es algo "intrínseco "a su individualidad.

Esto tampoco está contemplado en nuestra corriente común, ni en el relato público, ni en ninguna de nuestras organizaciones. Es parte de un inframundo que existe paralelo a nuestra existencia ordinaria, y que los hombres Latinos transitan.

Para la mayoría es inconsciente. El japonés habla de este poder personal, le llama "KIME" o "BUSHIDO".

No puede ser descrito, pero estos hombres lo reconocen cuando lo ven. Para el Latino esta cualidad la reconocen como "HOMBRIA" y con otros términos "picantes pero sabrosos." Aun el facilitador debe tener otra cualidad que temple su hombría, debe ser compasivo, conocido entre los hombres como" ternura" .ERNESTO GUEVARA, articuló esto cuando dijo:" Hemos de endurecer sin perder la ternura".

Ninguna traducción puede transmitir las profundas implicaciones de esas palabras, lo más cercano que podemos tener en Ingles es:" Debemos hacernos duros, sin perder nuestra ternura "

Y he aquí el reto para el facilitador. Tiene que comprometer a los demás hombres con su "hombría" y moverlos con su "ternura".

Hay un fino balance entre estas dos cualidades, y ningún modelo conceptual puede decirnos cuando inclinarse por cualquiera de ambos conceptos. Eso está determinado por el "compromiso" y la "corriente" generada en cada grupo. El compromiso es la conexión establecida entre el líder y los participantes del grupo. El proceso por el cual el facilitador combina hombría y ternura es un arte y una ciencia, un asunto de razón y de intuición: una combinación de cualidades personales con habilidades psicológicas y culturales conocido entre los Latinos como "DON" (GIFT).

Aun, algunos conceptos son ayuda a lo largo de este camino. El primero trata con el modelo de hombría dejado para nosotros por los antiguos mexicanos. En este modelo, encontramos al hombre ideal moviéndose hacia la realización de sus potencialidades desde las etapas de la "serpiente" a lo largo del camino para llegar a la de "águila".

Aquellos que se mueven por delante en su viaje son llamados "buena serpiente"

("cuate" en Español coloquial, esto viene de los aztecas "coatl" significa serpiente)

Cada hombre Latino sabe el significado de "Cuate" y esta es la primera pregunta que cruza su mente, cuando conoce a otro hombre, especialmente uno con quien va a decidir si tener o no una relación.

La pregunta es "¿es este tipo un cuate o no?

Las puertas se abren o cierran basándose en esta simple respuesta. Y el hombre Latino espera una respuesta antes de seguir adelante en su relación.

Es por esto que su encuentro es crítico.

Yo diría, los comienzos lo son todo, porque sin ellos, nada pasará. Y parte de la falla de toda institución formal en los Estados Unidos que emplea hombres latinos tiene que ver con este paso inicial: son enfadados con un principio equivocado. Si el empleo no se da en la primera entrevista, ahí termina toda relación

Cuando que el primer propósito de empezar una entrevista con los hombres Latinos es emplearlos, hay que crear una conexión, para dejarlos saber que alguien conoce sus corazones y que este alguien conoce sus corazones sin que sean necesarias las palabras.

Esa es otra asombrosa herramienta para aprender, por qué las palabras son la manera por la cual los individuos interactúan y logran conocerse a pesar de tener modos de educación diferentes y lograr conocerse unos y otros. Y más aún que, las palabras son para ser usadas para ser medios de conocer las realidades que nos rodean y conocer a los hombres que provienen de formas de vida diferente. Si usted hace preguntas de naturaleza personal antes de que el "nosotros", quede establecido, invariablemente, recibirá la misma respuesta: la conexión será perdida. Para que el encuentro sea de confianza, ha de ser dado a conocer sin preguntar.

Solo así los participantes serán capaces de decirse," sí es cuate" y "cuate" tiene otro significado. Usted ve, como esas palabras clave tienen varios significados, grados, sombras, tonos fueron corrientes inconscientes hasta que irrumpe en la mente como visión profunda: "cuate" también significa "gemelo". Eso es lo que los hombres sienten y piensan con el experto facilitador. Que este hombre con quien no han cruzado palabra es su "gemelo". Él es su dentro de ellos, ¡afuera!.

No hay defensa para este hombre. Él ha estado hablándoles no solo del mundo exterior, sino también de sus interiores. Ha visto a su interlocutor a través de él.

¿Qué es lo que este hombre está viendo de mí y que es eso que él está viendo?

Los participantes se preguntan tarde que temprano durante el primer encuentro. Y si ellos van a ser motivados a participar en cualquier desarrollo más tarde, la respuesta tiene que llegar a parte de ellos que estén más allá de sus mentes. La respuesta es…."Rostro".

¿Qué es un rostro?

La respuesta merece una larga explicación.

En el antiguo mexicano su visión del humano ser había tres niveles principales. La parte del sí mismo que se presenta en el mundo. Es conocido como "MASCARA"(MASK)

Este es el que todo hombre Latino pone en el momento que deja su hogar y sale a enfrentar el mundo.

Los Latinos son maestros de la "mascara", agradable, apropiada, inmóvil y cortés al extremo. Muy cuidadoso de no ir más allá, sin seguir normas no escritas muy específicas. De otra manera uno podría entrar en terreno turbulento donde frecuentemente hay tensiones y explosiones. Bajo la "máscara" vive la parte del alma que mantiene todas esas cosas que son vulnerables o disonantes en la arena pública, esta parte del alma es conocida como "ánima" y aun cuando es más real que la máscara es raramente compartida con el mundo "real". Cuando logramos verla y reconocerla la llamamos "cara".

El ánima es turbulencia.

Opresión, coraje, daño, dolor, culpa, vergüenza, movimiento en el ánima.

Pero a veces también tristeza, extrañar, afecto, amor. El ánima consiste en todos esos pensamientos y sentimientos que no tienen salida en el dominio público, la vida íntima apresada por la "máscara".

Y bajo el ánima hay la parte del alma que no ha sido matizada con las tormentas del mundo, la parte de la psique que permanece, no dañada y bien y en paz. Esa parte es conocida como "Rostro" (alma viniendo a través de la cara).

Y eso es lo que el buen facilitador está viendo; y eso es lo que el participante encuentra, estar siendo mirado.

De este encuentro nosotros leemos en uno de los viejos relatos de los ancianos mexicanos, como descritos en el Código de Madrid (Madrid Codex).

"Los buenos gemelos ven a los demás, con su alma. Ello les ayuda a desarrollar su cara; les ayuda a brindar su rostro al mundo."

Y así es como los grupos son creados de entre los hombres Latinos: con su ALMA.

Y cuando los grupos son creados con alma toman vida de la suya propia.

ELEMENTOS Y RELACIONES (PARENTESCOS)

"Por todas mis relaciones "

Tal es una expresión común entre Indios Nativos Americanos. Y una que ha sido subrayada por los recientes estudios en cardiología.

El Dr. Dean Ornish, después de haber estudiado el poder del estado de salud de nuestras relaciones, establece que: "….yo no estoy enterado de ningún otro factor en medicina -- no abusar de dietas, no fumar, no drogas, no operaciones – eso tiene un gran impacto en nuestra calidad de vida, en incidencia de enfermedades y muertes prematuras de entre todas las causas." Y sin embargo, solo recientemente los médicos preguntan a sus pacientes sobre la calidad de sus relaciones.

Sanadores tradicionales, por otra parte, aun preguntan sobre las relaciones de sus pacientes antes de aventurarse en sus pronósticos. En algunas culturas, el paciente da información al sanador acerca de la calidad de sus relaciones, y los cambios que han sentido en esa área.

"Estoy jurado" estableció un paciente mexicano. Con ello el quiso decir que hizo una promesa sagrada cuando uno de sus hijos estuvo seriamente enfermo. El prometió a Dios que si su hijo se curaba, dejaría de tomar alcohol para siempre. Ahora estaba en la Clínica porque había caído en una depresión severa.

¿La Razón?

Había roto su promesa. Había estado bebiendo. La promesa rota se había convertido en algo insoportable para él.

Por no guardar su promesa, su fe estaba trabajando en su contra. He visto fe positiva generando diferente resultado. En una ocasión, mientras trataba a un joven que había abusado con substancias, conocí a su madre a quien le habían dicho que tenía cáncer y que le quedaban como seis meses- cuando mucho- de vida.

La señora estaba haciendo planes para su partida y algunas cosas que compartió conmigo relativas a su familia.

Mi cliente me contó que había usado heroína, y había compartido algo con uno de sus conectes, y con dos de sus hermanos.

Lo anime para que tomara una prueba de VIH-este era el tiempo en el cual empezaba el AIDS en Estados Unidos- y él acepto hacerlo así. El resultado fue positivo. Le dije que sus hermanos también necesitaban hacer la prueba. Citamos a

187

una reunión familiar, todos se sujetaron a la prueba. Los resultados fueron positivos en todos.

Durante los siguientes seis meses, la madre, quien había tomado todos los pasos preparando su deceso enterró a todos sus hijos. Yo la vi soportar lo insoportable. Durante el último entierro, vi tomar de la mano a sus nietos, de 6 y 4 años. Me volteó a ver con fiera determinación, y me dijo: "Voy a poner a la muerte en espera". Con tal mirada que supe que la muerte iba a esperar y alejarse de ella.

" Si por mí fuera" me dijo: "hubiera preferido morir antes que mis hijos, pero no puedo dejar a mis nietos. Ya han sufrido bastante". Me tomo del hombro y continuo diciendo que iba a ver graduarse a dos de sus nietos y me encargo que no dejara yo de vigilarlos, yo se lo prometí.

La señora fue a su comunidad y habló abiertamente sobre lo que todos podíamos hacer para prevenir el AIDS.

Yo vi transformar su sufrimiento en una gran ola de compasión por otros, y mover montañas con su fuerza. Las semanas fueron meses y estos años y la dama siguió luchando. Compartiendo su mensaje y cuidando a sus nietos. Juntos presenciamos la graduación de sus nietos y seis meses después, ella partió al más allá. Con ella en mente, a todos aquellos quienes han hecho lo imposible y han cambiado su sufrimiento por compasión:" Por todas mis relaciones."

188

LOS CUATRO ELEMENTOS Y SANACION.

En la tradición de curar enfermedades de los indios americanos, los elementos de Tierra, Agua, Aire y Fuego, jugaron un papel muy importante. Han sido nombrados los cuatro soles de las curaciones. Déjenme explicar cada uno de ellos y como son usados para la sanación de traumas psicosociales.

1.- TIERRA, el primer sol.

El primer sol, el primero de la "tierra "corresponde a los individuos relacionados con la naturaleza, también se refiere a individuos que se encuentran en lugares con vida en sentido de "Destino" o propósito.

Los Mayas representaron este propósito como un Quetzal (Pájaro Sagrado) que vive en nuestro corazón. Aquellos que siguen su llamado desarrollan su verdadero Rostro; aquellos que lo ignoran no son nacidos completamente nunca, y esta traición al sí mismos tiene consecuencias emocionales y físicas.

En el proceso de curación, la tierra representa el espacio que nosotros creamos alrededor de nuestro paciente, tiene que ser un "ESPACIO SAGRADO", un lugar de seguridad natural y de soporte. La salvia y el incienso son frecuentemente usados seguidos de un ritual para iniciar sesión de sanación. El sanador está a cargo de traer paz y confianza a este lugar y proveer la emoción mental y espiritual que de soporte al paciente a todo lo largo de su viaje de sanación.

2.- AGUA, el segundo sol.

El Agua es esencial para la vida. Sin embargo mucho de ello, o muy poco puede tener consecuencias dañinas en la vida del ser. Contener muchas emociones está considerado en Curanderismo estar "ahogado", esto es "ahogado en su propia agua". Lo que se necesita es un "Des-ahogo" un proceso facilitado por rompiendo el silencio, hablando desde el corazón, canciones de sanación, "mandas" (peregrinajes), visita a sitios sagrados, rituales o ceremonias. La característica de agua sana es su movimiento. Agua estancada es como el aire estancado: Tóxico.

El agua corriente es alimento que nutre y dadora de vida una de las señales clave de los sanadores antiguos. El propósito es auxiliar al paciente a soltar su exceso de agua y reemplazar la corriente emocional en su ser, el agua representa las emociones, las cuales en los traumas es vista como detenidas en el pasado.

3.- AIRE, el tercer Sol.

Es común entre la población Latina hablar del aire de servicio proveedor en la Comunidad. El aire puede ser "Buen Aire" (Good Air) y "Mal Aire" (Bad Air). El aire es determinado por las cualidades de bien-estar o mal-estar experimentadas al estar alrededor de una persona o personas en particular. Se cree en Curanderismo que el "aire" afecta la sangre de la persona.

 Hay cuatro tipos básicos de sangre:

Sangre ligera: Caracteriza a individuos con buen aire en su sistema, que traen energía sanadora hacia afuera donde quiera que van. Con ellos vienen las esperanzas, inspiración, entusiasmo, bien-estar" y claridad de mente.

Sangre pesada: Caracterizada por aire tóxico sin escapes de salida que traen tensión interna en sus vidas.

Mala sangre: Se refiere a la prolongada acumulación de aire tóxico que eventualmente bloquea el fuego vital del individuo.

Sangrante: Es la cuarta y última clasificación de la sangre y consiste en una sobrecorriente de energía negativa, un virus emocional contagioso cuyas consecuencias pueden ser letales.

El sanador está a cargo de traer buen aire al encuentro de sanación y ayudando al Paciente libera su aire malo.

4.- FUEGO, el cuarto Sol.

Cuando las personas están sobrecargadas de Agua, no hay aire. Y sin aire, no hay fuego. Una vez que el agua alcanza un nivel saludable, el aire se restablece. Ahora, la chispa de la vida puede ser encendida, proceso conocido en tiempos ancestrales como Agua Quemante. Y ese fuero es nuestro propio sol interior desenvolviendo los regalos que la vida nos brinda.

Los Curanderos, esto es, sanadores tradicionales, nos dicen que la señal óptima de nuestra salud es nosotros "quemándonos" liberando nuestro Sol al Universo. El fuego es nuestra energía de vida. Cuando nuestra energía no está atrapada en el pasado, entonces nuestra energía natural se eleva, nos convertimos en más vivos. También nos hacemos más equilibrados, menos agitados y más con recursos para enfrentar los retos de nuestras situaciones presentes de vida.

En la tradición de sanación los tramas son superados cuando los pacientes reclaman su fuego interior y tienen un sistema por el cual ellos pueden dirigir su exccso de agua donde quiera que experimenten inundación emocional y psicológica.

TRAUMA Y LOS CUATRO ELEMENTOS.

Al ir finalizando mi entrenamiento como Psicólogo Clínico en América Latina, estaba buscando ayudar a la gente necesitada de psicoterapia poniendo mis recientes habilidades en uso. Esta oportunidad se dio cuando un amigo me puso en contacto con alguien de sus colegas, quienes, como el describió, estaban en necesidad de ayuda psicológica. Después de mi primer encuentro con una joven mujer y un maestro de mediana edad, el que necesitó ayuda fui yo. Lo que ellos me describieron fue tan abrumador y doloroso, que estuvo más allá de mi marco de referencia y alcance como psicólogo. No tuve nombre para ello, ni ningún entrenamiento como manejarlo. Fue el trauma de tortura las narrativas de ambos pacientes también me revelaban un mundo previamente desconocido para mí. Averigüé que miembros del gobierno – algunos de ellos entrenados por oficiales militares norteamericanos –habían estado activamente participando en prácticas de tortura y que no solo monjas y sacerdotes habían otorgado su parte de abuso y aun de muerte por sus manos.

Después de meses de trabajo con esas dos personas y muchos otros quienes habían sufrido experiencias similares – incluidos niños que habían pasado por el trauma de la guerra – mi trabajo como psicólogo fue subsumir en mi compromiso social el denunciar un sistema de abuso de los derechos humanos y mi solidaridad con otros de cambiar este orden de cosas.

Como muchos otros antes que yo, ayudadores que acabaron con lo que es conocido como "trauma vicario", fui a través de penoso proceso de despertar. Y comencé a hablar sobre esta realidad y el sufrimiento infringido. Me di cuenta que había dos áreas principales para mi labor en lo que se refiere al trauma psicológico: uno de ellos fue con la victimas de traumas, con sus mentes y corazones lacerados. Pero el otro fue con la conciencia colectiva. Fue trayendo al despertar de la conciencia de la gente que me rodeaba, la realidad del trauma psicológico y lo que podíamos hacer para prevenir que suceda.

Aún más, la gente a mi alrededor seguían ocupados en los asuntos de su vida ordinaria, insensible a mi nueva realidad encontrada. De cierta manera, yo estaba desplegando el comportamiento comúnmente asociado con aquellos que sufren un colapso. Pero había una gran diferencia. Yo no me estaba moviendo dentro de una ilusión. Yo estaba despertando de una. Yo estaba caminando hacia una realidad mientras que, la mayoría de la gente a mí alrededor estaba aún viviendo en una ilusión de seguridad y armonía. No creían que el gobierno podía estar sistemáticamente cometiendo atrocidades y que muchos individuos con poder legal y militar podían estar llevando a cabo actos de inexorable sadismo y destructiva actitud.

Ellos aún no se habían dado cuenta de la existencia del mal humano, la principal fuente del trauma psicológico. Mi trabajo como psicólogo clínico, que era básicamente ajustar desviaciones individuales a una corriente social, fue puesta de cabeza. Yo no estaba ajustando gente ya más. Yo estaba despertando gente a una realidad que necesitaba ser cambiada.

Y no he parado desde entonces. Las condiciones cambian, la diferencia étnica y de lenguaje entorpecen, sin embargo la actitud sanadora continua siguiendo los mismos principios esenciales y la verdad y denuncia es aun el camino real a la conciencia y la integridad.

Aun esta lucha no estuvo exenta de luchas psicológicas y pesadillas, porque al uno mirar esta realidad, las asperezas flotan en un mundo previamente dulce, la neblina y la oscuridad comienzan a refugiarse sobre cada aspecto de la vida, hasta que no hay lugar de paz, ningún santuario en el cual tomar refugio.

Y uno está necesitado de seguridad en orden de restaurar un sentido de bienestar en cuerpo y mente. De otra manera la frustración y la amargura, así como lo exhausto y agotado toma lo mejor de nosotros y nos reduce a subhumanos.

Y yo he visto esto pasar a muchos que han experienciado trauma de primera mano, tanto como a aquellos que se han quemado completamente tratando de hacer algo sobre el tema.

Esto me llevó a ayudar a la gente que ha sido despertada de esta dolorosa realidad, pero quienes han logrado desarrollar un carácter biofilico, cualidades mentales y de corazón que a pesar los hicieron altruistas y amando la cara de adversidad pasada. Yo miré y encontré. Lo encontré en un sacerdote, un grupo de monjas, algunos maestros, sanadores, organizadores de la comunidad y revolucionarios. También lo encontré entre padres y aún en jóvenes adultos quienes se habían levantado desde pasados sufrimientos de torturas y abusos. El espíritu humano es gran resilente. Como las flores de sol, continúan buscando la luz de esperanza y significado. Algunas veces, más allá de esperanza y significación. Y algunas veces, más allá de lo que todas las escuelas convencionales de psicología nos dicen, ellos pueden romper libres del pasado y sus medioambientes y dar nacimiento a una vida de bondad sin precedente y de amor. Como Víctor Frankl antes de mí, quien ha encontrado la realidad del alma humano en un campo de concentración Nazi entre sus colegas, yo también encontré esta alma humana en toda su magnificencia entre aquellos que hubieron sobrevivido al oscuro valle de la humana malignidad.

Esta realidad me ayudó a tomar una posición de pie y enfrentar el trauma. De otra manera, creo, la oscuridad de la depresión y decepción me hubieran negado, para siempre, soltar la agarradera que ellos me habían hecho tomar. Y como muchos que hubieron tenido el coraje de caminar entre el campo del trauma, yo también luché de tiempo en tiempo con este oscuro demonio y confronté la tristeza que ello trae desde lo profundo a nuestro amado mundo.

Aun así yo he aprendido a transformar conocimiento doloroso en acción resolutiva. Es la pasividad lo que nos hunde en arenas movedizas de la desesperación.

Y a veces me he maravillado del claro corazón que late en mí, fresco como el agua que bebo del arroyo de la montaña, o mi mente, abierta a experiencias de bondades como recogiendo guijarros de colores de la cama de roca de un rio, con mi hija más joven, su sonrisa tan brillante como el sol. Mi vida no ha sido demeritada por este darme cuenta del sufrimiento humano. Mi corazón ha crecido y ha abrazado a toda la gente. Desde que he venido a ser consciente que aquellos que han infringido un trauma o abuso en otros lo han hecho deshumanizándose ellos primero en sus mentes, he orado no hacer esto a nadie, incluso a aquellos que han abusado. El corazón del abusador está endurecido por el acto de dejar a la gente fuera de ello.

Traer a otros a nuestro corazón, respetar y amar su naturaleza humana es eliminar la condición que trajo hacia delante todos los traumas.

Con Gandhi ", podemos decir "odia el pecado pero ama al pecador".

Y aún hay mucho trabajo que hacer, especialmente en el área del coraje, rabia, cólera, ira, contra las atrocidades cometidas y contra aquellos que las han cometido. Y he visto diferentes maneras de hacer frente a esta necesidad.

En algunas culturas, particularmente las de la civilización occidental, la tarea consiste en visitar varias veces el pasado trayendo experiencias reprimidas al dominio de la conciencia.

También he visto algunas culturas en combinación de ambos enfoques (oriental y occidental) como la practicada por miembros de la Hmong la cual consiste en hacer elaborados bordados que ilustran sus viajes personales en un momento sanador presente, pintando la inclemencia que han tenido que cruzar para llegar. Cuando le pregunté a uno de los sanadores cual fue el propósito de esos trabajos artísticos respondió con uno de los dichos tradicionales de su cultura: "La mejor manera de poner el pasado atrás de ti, es poniéndolo enfrente de ti, en el presente".

Su contestación me hizo recordar memorias de mi Abuela, quien siguiendo los caminos antiguos de sanación de la población indígena de América quienes solían tratar ciertos tipos de traumas haciendo que la persona interesada revisara física o psicológicamente el lugar y momento del acontecer de su trauma.

El trauma es conocido como "susto" que quiere decir "enfermedad del alma". Se cree que al momento del trauma, una parte del alma abandona el cuerpo y que esa parte después el sobreviviente pierde parte de su energía vital y se cambia por temor perpetuo.

Para reclamar la pérdida el sobreviviente parte del alma de la Abuela viajará con él a la tierra del sufrimiento, lugar donde la materia del alma estuvo aun sucediendo. Ahí tuvieron en "tiempo del corazón". Fue en este lugar donde el sobreviviente reclamará su poder del corazón. El ya no estará evadiendo el pasado sino enfrentándolo. La Abuela como sanadora, proveerá el soporte que los sobrevivientes necesiten en orden de llegar a términos con su pasado.

Recuerdo viendo la luz de la vida regresar a los ojos de aquellos quienes, habiendo sufrido "susto" vendrían a mi Abuela.

¿Ves esto? Mi Abuela frecuentemente me decía, refiriéndose a esa misteriosa luz "eso es el alma regresando a sus cuerpos" y eso es lo que me movió a tomar el sendero de un sanador: el compartir ese momento, el ver la luz de vida regresar a los ojos de aquellos en necesidad. ¡Qué el alma regrese a cada uno de los que han sufrido TRAUMA!

TRAUMA Y SANACION TRADICIONAL

En Curanderismo, la tradición Mexicana de sanación en la práctica, nos dicen de una peculiar enfermedad que aqueja nuestro bienestar mental y emocional. Es llamado "SUSTO". Esto está caracterizado por intenso, prolongado y altamente incontrolado reventar de miedo, furia, cólera, enfado y ansiedad. SUSTO también drena la energía psíquica y diluye el sentido de significado de la vida. Los Curanderos – Sanadores tradicionales – sostienen que aún la composición de nuestro cuerpo cambia, un hecho que está siendo ahora demostrado por la ciencia experimental.

Investigadores científicos modernos han encontrado que veteranos que han sufrido desorden de estrés postraumático, después de haber visto una película de guerra, mostraron una reducción de la sensibilidad del dolor, tanta como si hubieran recibido una inyección de ocho miligramos de morfina.

Personas que sufrían de Desorden de Stress postraumático, adquieren un numero alto de analgésico natural en su sistema a la menor provocación tal que caen en adicción de su propio narcótico interno. Podemos decir con los Curanderos que están atrapados en un círculo de auto envenenamiento.

En este caso, la sanación solo puede hacer efecto si hay un rompimiento del círculo tóxico. Tenemos que tener en mente que la persona afectada por susto no está viviendo en el mundo ordinario. Están en el lugar de desesperanza. Dante en su libro "La Divina Comedia" tuvo una señal de entrada al infierno que dice: "Abandono de esperanza a todos los que entren aquí" y esperanza es lo que aquellos que sufren de susto dejan atrás. El infierno está también caracterizado por soledad absoluta, un proceso por el cual uno se siente alienado del mundo. Es por eso que el círculo de veneno puede empezar a quebrar cuando otra persona entra en él. El Curandero, este es alguien dispuesto a ir al inferno a fin de alcanzar a otro ser humano. El Curandero está dispuesto a prestar su centro de dirección y bienestar al otro individuo que ha perdido su centro y quien está afectado con enfermedad de ser.

A veces el mismo Curandero también ve el mundo que la otra persona está contemplando. Y mientras que esta visión puede tener a otra persona ahí con él, en ese terrible lugar, tiene un efecto sanador en la persona afectada por el susto. El infierno es para una persona. Con dos el infierno empieza a ceder. Solo por entrar al infierno el Curandero comienza a cambiarlo.

Susto también puede consistir en la propia falta de habilidad para procesar una experiencia que sea insoportable. Los curanderos dicen que la cabeza se rompe para proteger así el corazón. Y es más, el corazón es el único lugar por donde el sufrimiento puede salir de la persona. En este caso el curandero ayuda a la otra persona a ver la verdad, a enfrentar lo insoportable. Es en esta etapa que el dolor desciende de la cabeza al corazón; la cabeza y el corazón están juntos. El Curandero sabe que el dolor sin una salida causa sufrimiento interminable un trance apurado de susto también sabe que la sanación comienza encontrando una salida para el dolor. El Curandero sabe esto porque su corazón también está partido. Él es un sanador herido.

También sabe que el corazón puede venir junto al ir descubriendo otro ser humano, al nosotros construir una comunidad que se interese por los demás. "corazón cura corazón" es un dicho entre curanderos, y ellos deben saber, no dudan en ayudar a otros a encontrar su corazón y procesar la experiencia que la vida ha puesto ante ellos. Los Curanderos tienen un mensaje más profundo para todos nosotros. Ellos dicen:" Un corazón roto tiene más espacio para el amor".

ANTIGUO SISTEMA DE CURACION DE LAS PERSONAS INDIGENAS DE AMERICA.

Curanderismo es el nombre que los españoles le dieron a las prácticas de sanación tradicionales de los indios de México.

Curanderismo es a la medicina moderna lo que la Filosofía es a la Ciencia. Es su origen y su constante compañía. Por otra parte, la dicotomía entre medicina moderna y medicina ancestral está empezando a desaparecer aun entre la principal corriente de población de las naciones industriales Un creciente número de pacientes hoy en día, están mostrando más y más interés en las prácticas de sanación tradicionales. Este interés no es fortuito.

Por toda la innegable contribución de la medicina moderna, nos estamos dando cuenta de los efectos negativos que la farmacopea está causando en los pacientes. Estamos encontrando enfermedades causadas por medicamentos.

En más de una manera hemos estado actuando en círculo: la cura se ha convertido en enfermedad.

El Curanderismo ha estado largo tiempo entre nosotros y continúa estando aquí. Mientras su sobrevivencia ha estado parcialmente condicionada por la falta de acceso de la gente al cuidado de la salud moderna, hay aún fuertes razones por continuar esta práctica en nuestras comunidades. La primera es la tradición. La otra- y quizá la más fuerte-está basada en pragmatismo: El Curanderismo está aún vigente porque funciona. Esto nos lleva al Curanderismo como ha venido practicándose en el continente americano.

Porque este conocimiento no fue originario de Europa, fue considerado no científico por la cultura dominante de la época. Sin embargo, las curaciones tradicionales continuaron siendo una de las prácticas no solamente de los grupos indígenas sino también de los grupos mezclados indígenas y conquistadores.

Los sistemas de sanación occidentales tenían poca o ninguna clasificación de materias primas medicinales al alcance de la naturaleza del Continente Americano, pero, la población indígena si contaba con estos conocimientos y parte de este conocimiento había sido preservado a través de tradiciones populares ignoradas por la principal corriente médica de la época. Al correr del tiempo las plantas recibieron nuevos nombres pero permanecieron en uso para los mismos propósitos sanadores. La Herbología es un sistema de sanación integrado en el cuadro conceptual del Curanderismo, pero no es el único. Mantengamos en perspectiva que para los ancianos sanadores, el alma humana cubre los dominios del cuerpo, el corazón, y la mente, cada una de estas áreas siendo aprovechables por una amplia variedad de prácticas de sanación, la esencial habilidad del sanador de buscar y evaluar el alma del paciente. La dicotomía Cartesiana entre cuerpo y mente, no era aplicable para los ancianos sanadores, quienes consideraban la salud como un continuo de energía en el cuerpo humano.

Siguiendo este modelo el cuerpo estaba condicionado por el hígado, el que nos da ya sea buena o mala sangre. El concepto de sangre tenía que ver con nuestra actitud básica al nosotros enfrentarlos retos de la vida, los cuales podrían ya sea mantener nuestra sangre limpia (si nosotros irradiábamos buena medicina) o podría cambiar nuestra sangre pesada con emociones tóxicas, en cuyo caso nuestra energía se convertiría en mala medicina. Por consiguiente, si tuviéramos buena sangre, produciríamos buen aire a nuestro alrededor.

La gente se sentiría cómoda, en buena disposición y ánimo elevado con nosotros a su alrededor. En la otra mano, si tuviéramos mala sangre, aquellos a y el sanador nuestro alrededor se sentirán incomodos, en disposición enfermiza y a la defensiva cuando estemos cerca. El ambiente se verá afectado con ya sea bueno o mal aire. Los lugares Sagrados fueron ricos en buen aire

Los lugares negativos, fueron aquellos donde el mal aire se acumula.

Hay procedimientos especiales para" limpiar el aire "de una persona, lugar o situación.

Sonidos, tocar, posiciones, movimientos, luz, temperatura, ungüentos, aromas, pueden disipar el mal aire.

El dominio del corazón tiene que ver con el sentido del propósito y relación que la persona quiera darle a su relación con otras personas.

En la tradición el Curanderismo el sentido de bien estar tiene que ver con la habilidad de la persona de seguir su voz interna la cual ellos la representan como Quetzalcóatl, el pájaro que vive en el corazón. El corazón tiene que hacer con nuestro sentido de propósito.

Hay algunos tipos de enfermedad que tienen que ver con la gente perdiendo su propósito en vida. La vida comienza abandonándolos mientras que están en el cuerpo. Son como un árbol que aún está vivo, pero cuyas raíces han sido quitadas de la tierra. Su corazón personal no está en unidad ya más con el corazón de la vida. En aislamiento, el Quetzal, el pájaro sagrado que vive en el corazón humano,

Detiene su movimiento, sus alas, deja de cantar, empieza a morir.

Es este pájaro que habla a través de la voz del poeta y el sanador. Es este pájaro activo vivo que alienta y estimula al pájaro de sus compañeros humanos a elevarse y cantar. Es por eso que se dice del sanador que da a otros su "verdadera cara"

Porque alienta, estimula, da ánimo al corazón de otros para que florezcan y se manifiesten a sí mismos completamente vivos. Los sanadores ancestrales establecieron que las penas del corazón pudieran ser muy fuertes y más que las del cuerpo.

Corazones rotos de hoy continúan validando este ancestral paradigma. Ahora tenemos especialistas del corazón hablándonos no solo de nuestras dietas y nivel de colesterol, sino también de la calidad de nuestras relaciones como la principal determinante de nuestra condición cardiaca, porque ellos también han aprendido a través de observaciones científicas lo que los Curanderos han sabido desde hace mucho: que las relaciones pueden curar o matarnos. Les debemos a los sanadores ancestrales darnos cuenta de que la vida emocional y la vida física no necesariamente se experimentan en tiempo y espacio de la misma manera.

Mientras ello es en la naturaleza del cuerpo físico ser solamente en el presente, esto es, en un lugar y momento en el tiempo, el cuerpo emocional, puede estar en varios lugares y momentos a la vez. Esto es porque estaba representado como un ave sagrada cuyas alas le permitirían ir más allá de los límites del tiempo y espacio. Estos desafíos de limitaciones físicas también pueden ser hechas por nuestros darnos cuenta corporal, podemos ir desde nuestra conciencia individual, a la colectiva y a la conciencia universal, estas últimas siendo experimentadas como "visiones" y "profecías" y otras formas de percepción acrecentada.

Es esta cualidad de trascendencia que da derecho al cuerpo emocional de experimentar la vida desde un marco de referencia mucho más grande que el ordinario físico. Esta peculiaridad trascendental del cuerpo emocional que concedió a los humanos un sentido de libertad, también nos hizo vulnerables en igualdad en un sentido de opresión y fragmentación a nuestro cuerpo emocional, mientras pudo tomarnos a experimentar la esencial unicidad de la vida pudo también tenernos experimentando el más extremado sentido de desolación y desesperación.

El desmembramiento del cuerpo emocional causo enfermedad en el ser físico. En este caso, la sanación del cuerpo requirió la integración de fragmentos del cuerpo emocional, fragmentos que pudieron estar en diferentes momentos y lugares.

Con el fin de dirigirse al ser humano en su totalidad, los Curanderos graficaron el mundo del alma humana. Algunos niveles del alma no podían ser alcanzados por alguien que no hubiera tenido la experiencia de la muerte, sin embargo hubo personas extraordinarias que habiendo estado en esa situación, pudieron comunicar su experiencia estando aun corporalmente vivos. Ellos habían nacido con esta habilidad (regalo) o bien habían desarrollado esta ya sea por situación traumática, enfermedad grave, o por experiencia mística profunda o por iniciación consciente.

Los Curanderos entonces trabajaron con el cuerpo físico, el cuerpo emocional y el cuerpo consciente.

La primera pregunta que pedían ser contestada fue: "¿Qué parte del alma ha sido afligida por esa herida o enfermedad?

Si ha sido por algo corporal, entonces se pueden aplicar los remedios usuales en el proceso de sanación.

Estas prácticas de sanación mucho descansan en plantas, lugares (tales como santuarios naturales), productos animales, el uso de agua fría o caliente, masajes y cabañas de sudor (saunas)

Sin embargo, si la aflicción del alma fuera a nivel del corazón, o de la conciencia corporal, entonces se recurrirá a procedimientos extraordinarios Psico-espirituales.

El propósito del Curanderismo es sanar la herida a todos los niveles, para facilitar el proceso de integración del alma del paciente hasta su unidad esencial con su sí mismo y con el Alma Universal, la que los Curanderos Aztecas llamaron" Ometeotl" literalmente "el que está cerca y cerrado". La totalidad del individuo y la naturaleza completamente es el paradigma esencial del Curanderismo.

La herida del alma tiene que ver con la "Sombra" o doble, la parte de nuestra mente que es afectada por nuestras experiencias, tanto, físicas como emocionales. También, es esta sombra que está atrapada en el mundo de la mente, creando confusión y distorsión (heridas) en nuestra alma. El reto del Curandero es entonces el dobles doble. Primero, la tarea es encontrar la sombra del individuo afligido. El Segundo, integrar esta sombra al alma que la necesita, el tiempo que el alma vaya a estar encapsulada en el cuerpo. Desde la ancestral perspectiva, la sombra almacena todas las experiencias que el individuo atraviese.

En momentos, el alma sufre porque se rehúsa a integrar partes de la sombra a su ser. En casos extremos, el individuo teme a su sombra psicológica como si fuera perseguido por una entidad separada.

Durante experiencias traumáticas, el alma deja el cuerpo físico. Esto es con la ayuda de la sombra, que el alma puede ser introducida a su ser físico, un procedimiento usado en la sanación de "SUSTO"(Miedo), o " ESPANTO " (Congelamiento del Alma), heridas espirituales que son gradualmente sanadas cuando el individuo integra los eventos traumáticos en el campo de su " darse cuenta", cuando su Alma literalmente supera el" miedo".

El miedo viviente ha sido representado como un" SOL NEGRO" de radiante oscuridad. Se le puede encontrar afligiendo el cuerpo, el corazón, la mente y el alma. En casos extremos, tiene que luchar contra él en los cuatro campos mencionados.

Es entonces, que el Curandero asume el rol de "Guerrero Espiritual" y ayuda frente al sufrimiento trayendo para él o ella el amor como un "SOL VIVO". En este caso el Curandero no solo practicó la Medicina: El mismo se convierte en la medicina, el mapa del Alma, la identificación de la persona del darse cuenta y la energía, juegan un papel importante en el proceso de curar psicológicamente. El Curandero primero determina que parte del alma está afectada llamándole "Ihiyotl" (el hígado centro) que regula la sangre de las personas, siendo los opuestos, sangre liviana y sangre pesada." Teyolia "(el centro del corazón que indica la presencia del "aire" del individuo, siendo este "buen aire y mal aire" o bien "TONALLI" (el centro de la cabeza que indica la presencia o abstinencia del alma de la persona).

El alma desde la perspectiva del Curanderismo tiene dimensiones física, emocional, mental y espiritual. Como tal, puede alcanzar bajos y altos estados de conciencia. Los primeros son identificados como del inframundo, y hay de ellos, cada uno con sus fuerzas y características particulares propias. Hay también energías emocionales específicas que fluctúan en cada uno de esos dominios. El Curandero con su corazón (quien ha estado en cada dominio), puede determinar la localización del Alma en cada uno de esos mundos. Y hay también 13 mundos superiores, que pueden convertirse en inofensivos al Alma si la persona no aprende como descender y volver a comprometerse con el mundo cotidiano, una enfermedad como "quedarse arriba".

Los Curanderos valoran no solo el lugar del duelo del alma(ya sea inframundo o el mundo superior) pero también el grado de ausencia o presencia del alma de la cual hay veinte niveles, diez para el nivel bajo (pertenecientes al lado izquierdo del alma) y diez para los niveles altos (pertenecientes al lado derecho del alma, representado como el águila) Esos niveles han sido usados en los calendarios Azteca e incluso Maya, y fueron usados también para nombrar cada uno de los días de su mes.

Al lado del trance apurado y localización del alma hay cuatro elementos principales que afectan el alma, principalmente: tierra, agua, aire, fuego.

Cada uno de esos elementos tiene cualidades positivas y negativas. Cada uno de los elementos generan bien-estar cuando ellos alcanzan un nivel de balance, y enfermedad cuando hay, ya sea demasiado o muy poco de ellas. Y entonces hay cuatro direcciones principales que el alma toma en su cuestionamiento de realización (Norte, Sur, Este y Oeste) alguno de ellos que pudiera estar no propiamente adecuado causara al individuo un estado de confusión o fragmentación en vida. De esta manera el Curandero habilidoso es el que determina: el nivel de energía del alma en el cuerpo físico conocido como "vitalidad".

El dominio ya sea del alma o de la sombra en la persona (modo); El área del alma afectada durante una particular enfermedad o mal (ya sea hígado, corazón o cabeza) la dirección del alma (Norte, Sur, Este, Oeste) los activos elementos en el alma (Tierra, Agua, Aire, Fuego) los motivos del alma (veinte de ellos) y la localización de la misma (veintidós de ellas). En otro nivel, el Curandero tiene que realizar que él es uno con este medio ambiente natural y protege lugares sagrados de las heridas de los no naturales lugares de existencia. Los Curanderos son los cuidadores de la tierra para vida de las futuras generaciones. Van, hoy, a esos sagrados lugares. Ayunan, mantienen silencio y absorben la energía sanadora de esos lugares. Entonces ellos traen tal sentir y lo comparten con sus hermanos que tienen planes para "desarrollar" esos lugares. Los Curanderos protegen la tierra de heridas de la civilización.

El Curanderismo señala comportamiento y conciencia como parte de un gran paradigma, el del alma y el de uno de la comunidad. Como tal, su dominio no está limitado al área de la biología, salud y enfermedad, o aun de la vida, porque los Curanderos trabajan en un paradigma de eternidad y espíritu. Ello es, por diseño, un sistema de completud, de totalidad.

Trabaja con el paradójico predicamento de la vida humana (su mortalidad y eternidad) y su intercambio energético con fuerzas cósmicas.

El Curanderismo permanece el más viejo y más ampliamente usado sistema de las Américas así como el menos entendido por el mundo Académico.

Los Curanderos practican "terapia" centrada en curar, una en que el sanador toma la responsabilidad para la energía, habilidad y procesos que él o ella traen al encuentro sanador.

La relación sujeto-objeto que los trabajadores en salud mental asumen mientras que la enfermedad mental se ausenta en Curanderismo. En su lugar lo que encontramos es la habilidad esencial del Curanderismo para entrar en el mundo del paciente, un mundo cuya validez no está en duda sino reconocido como real aun cuando no sea parte del mundo ordinario.

En el paradigma psicológico del Curanderismo la subjetividad del paciente no existe en soledad sino en interacción con fuerzas energéticas. Como tal, puede ser alcanzado, influenciado y guiado por otras subjetividades. El energético si mismo del paciente pudiera estar fragmentado y desparramado a lo largo de un amplio rango de realidades y en la necesidad de ser integrado, en cuyo caso la energía y conciencia del Curandero actúa como medicina.

La experiencia integrativa de la Curandera le da la habilidad de permanecer completamente fragmentada y habilidosa en trabajar con los elementos y fuerzas de otros planos de experiencia.

El avance de la civilización occidental ha privado a comunidades tradicionales de estilos de vida y de recursos del medio ambiente que alguna vez fueron soporte del proceso de integración de miembros afectados con enfermedad mental.

Lugares naturales de curación, tiempo libre, maestros libres, así como usos de la comunidad para experiencias no ordinarias, ahora están casi en prácticas extintas, mientras que los rompimientos y decaimientos de naturaleza y comunidad son sobreimpuestos en el papel de los Curanderos, haciendo de ellos seres vulnerables a sucumbir con las tormentas que ellos intentan sanar. Los psicólogos modernos se parecen a algunos elementos del Curanderismo especialmente en su manera de ver y tratar lo que ellos tienen conceptualizado como "emergencia espiritual", un proceso psicológico donde hay un gradual desenvolver del potencial espiritual con mínima ruptura en funcionamiento psicológico, social y ocupacional. Por otra parte, cuando este proceso tiene rupturas que se convierten en crisis, lo llaman "emergencia espiritual" y aun tratan de apoyar al individuo en ir a través de la experiencia en lugar de bloquearlo o interrumpirlo.

Esta categoría y otra más benigna "enfermedad mental" están ahora encontrando su camino en diferentes formas de psicoterapia y aun al principal paradigma de la Asociación Psiquiátrica Americana, el diagnóstico y el manual estadístico.

Algunos de los que proponen estos cambios son individuos que han sufrido experiencias que fueron o pudieron haber sido etiquetados "psicóticos" pero quienes han superado a través del Curanderismo y emergido de ello con una comprensión más profunda del mundo interno y con más enriquecimiento de recursos al enfrentar su vida cotidiana. Por turnos, empezaron a ayudar a otros a superar experiencias similares y a proveer modelos alternativos a aquellos que confundían anormalidad con patología.

Un mundo multicultural nos está dando ahora la oportunidad de ver como las experiencias son grandemente determinadas por el camino que son vistas y tratadas; que una crisis psicológica puede ser mejorada o manejada por el modo como nos acerquemos a ella y que las experiencias que han sido rechazadas de su significado en una cultura contextual, puede convertirse en significativa en otra. Las experiencias a través de las culturas pueden proveernos con una amplia variedad de herramientas para iluminar la vida interior y venir en su auxilio en momentos de necesidad. Y podemos aprenderlas, viviendo y aprendiendo de unos y otros, con respeto. Nuestros diferentes modos de pensar pueden ser aprobados por todos. Tal vez es ahora tiempo de hacer pausa y aprender mutuamente. Después de todo, mientras que nuestro pasado ha sido diferente, todos compartimos el mismo futuro.

SANACION TRADICIONAL PARA UN MUNDO MODERNO.

1.- ALIMENTOS Y CULTURA.

"Michi" en Náhuatl (la lengua de antiguos mexicanos) significa "pescado delicioso", y hasta este día, particularmente en el área de Michoacán, México, una sopa especial se prepara con ese pescado, llamado por ese motivo "Caldo Michi". Yo no sé cuántos de ustedes lo han probado pero, déjenme decirles, es ciertamente delicioso.

De cualquier manera, hay un lugar en lo que hoy es llamado Estados Unidos, donde este pescado en especial fue abundante. En Náhuatl, decir "lugar", se dice "Tlán", es por eso este sufijo es tan comúnmente encontrarlo en los nombres de lugares de México, tales como"Autlán","Cihuatlán", "Mazatlán", "Ixtlán". El lugar del pescado "Michi" se convirtió en "Michi-tlán. Con el tiempo otras gentes vinieron y dieron su propio acento y así nombraron a ese lugar "Michigan". Nadie es perfecto.

Yo todavía recuerdo cuando en una casa grande en el Centro de la Ciudad de México, solíamos tener la merienda en una gran mesa. Mis tíos estaban ahí y mi abuela preparaba el "Chocolate" (palabra Náhuatl) y pan dulce (sweet bread). De vez en cuando, yo era solicitado para ir a mi cuarto y entonces mis tíos harían a mi abuela preguntas muy interesantes tales como: ¿es verdad que el Diablo se llevó a Julián? o "Cuéntanos del tiempo en que el Abuelo vio a los fantasmas en su camino a Santa Rosalía." o" ¿Qué es eso que encontraste en el corral la noche del incendio?".

"¿Es verdad que un perro negro salió del fuego o cuando quemaron los libros del Tío Jacinto?,

218

¿Cómo puede la llorona (aparición de la mujer llorando por sus hijos) andar por tantos lugares al mismo tiempo? O ¿Cómo es que las plantas pueden cambiar el corazón de un hombre? Y muchas más preguntas que la Abuela siempre contestaba, con largas disertaciones que solían ir más allá de la mitad de la noche.

MI Abuela no tuvo educación formal, pero ella fue una maestra con las palabras.

Ella podía mantener tu atención a cada palabra que salía de su boca. Ella usaría entonación y mímica tal y con tanta soltura que parecía una maga en plena acción.

Recuerdo como yo acostumbraba, a escondidas, colarme cerca de la cocina para poder oír hablar a mí Abuela. Esto lo hacía yo con una gran ambivalencia, porque, muy seguido me pasaba que no podía quedarme dormido después de oír las historias de fantasmas, apariciones, animales extraordinarios, de los vivos y de los muertos, de lugares embrujados, misterios y todo tipo de cosas no usuales.

De vez en cuando, al disfrutar de una buena taza de chocolate y pan dulce, en la noche, algunas de sus historias vienen a mi mente, como si la Abuela estuviera contándolas por primera vez y como si yo estuviera detrás de la puerta de la cocina, aún muy callado, y quieto escuchando su voz. Las historias son parte de nuestra sanación particular en caso de trauma psicológico.

2. PLANTAS, HIERBAS YHIERBAJOS
(Cigarrillos, tabaco, puros).

El Diccionario define"hierbas" como una planta cuyas propiedades son conocidas. Es por eso que William James, fundador de la Psicología Americana, una vez dijo que hierbajos, son plantas cuyas propiedades no han sido descubiertas. Interesante señalar que todas las plantas del Continente Americano fueron nombradas y clasificadas por la gente indígena. El problema fue que los europeos no vieron "hierbas" cuando vinieron a América. Todo lo que vieron fueron "weeds", malas hierbas, hierbajos de esta manera se perdieron lo que respecta a medicina y comida del Reino Natural. Bernal Díaz del Castillo, historiador oficial de los conquistadores, nos refiere en su libro "La Verdadera Historia de la Conquista de la Nueva España" que la gente indígena de lo que es ahora México, creyeron que los Europeos eran Dioses, a causa de predicciones ancestrales que se habían venido repitiendo de generación en generación, así que fueron recibidos con flores, perfumes, regalos, e inciensos. Nadie en ese entonces preguntaba a los indios, que pensaban realmente sobre la situación que estaban viviendo. Como un hecho, los indios tenían prohibido escribir o hablar su versión de los eventos que estaban viviendo. Quinientos años después, confiando en una colección de escritos indígenas compilados por el Antropólogo mexicano Miguel de León Portilla en su libro "El Revés de la Conquista" leemos comentario de los indios en su primer encuentro con Europeos. Dicen "y los olemos aún antes de que los veamos. Y no solo con flores perfume e incienso podemos acercarnos a ellos." Un evento, dos interpretaciones diferentes. Después de 500 años, es tiempo que consideremos la perspectiva Indígena. Es mi opinión que hay características comunes que la mayoría de indios nativos americanos, así como la comunidad de trabajadores del campo y otros grupos compartan, cuando de lo que se trata es de sanación y salud. Esto incluye lo siguiente:

- La vida viene del gran Espíritu y toda curación empieza con él.
- La curación se da por la armonía entre cuerpo, corazón, mente y alma.
- Nuestras relaciones son esencial componente de nuestra salud.
- La muerte no es nuestro enemigo, sino un fenómeno natural de vida.
- La enfermedad no es solo sentida por la persona, sino también por la familia.
- Espiritualidad y emociones son tan importantes como el cuerpo y la mente.
- La Madre tierra contiene numerosos remedios para las enfermedades.

- Algunas prácticas curativas han sido preservadas a través de generaciones.
- Sanadores tradicionales pueden ser hombres o mujeres, jóvenes o viejos.
- Enfermedad es una oportunidad para purificar nuestra alma.

3. EL USO DE HIERBAS MAGICAS.

Hay una vieja canción mexicana que dice:

"Dime, que me has dado.

Hermosa mujer morena

Todo cambia en la vida

Solo tu amor

No ha cambiado nada

Yo creo que tú me has dado

Una hierba mágica".

Debe haber algo más que romanticismo en esta canción. Ahora sabemos que algunas hierbas pueden tener efectos poderosos en nuestro sistema nervioso. Hay algunas hierbas que fueron mantenidas en alto secreto y cuidados por los antiguos mexicanos. Su uso es delicado y a veces, aun peligroso. Algunas partes de esas plantas pueden ser tóxicas, mientras que otras partes tienen propiedades sanadoras.

Varias de esas plantas tienen poderosos efectos de estimulación, los cuales, como cualquier otro estimulante tienen también efectos depresivos. Este principio conocido por muchos sanadores tradicionales, fue usado para retener al ser amado. La hierba era suministrada en una bebida y dada al sujeto de su amor (quien se suponía estaba teniendo una aventura amorosa con alguien). Entonces la poción, surtía su efecto y él o ella irían a tener una fiebre de amor. Este era un periodo crítico para la persona que bebía el preparado. Tiempo ideal para consolarlo o consolarla y para tener relación íntima. Una vez que el acto de amor era consumado, el ciclo depresivo de la hierba perdería su efecto y él o la encantadora daba la instrucción de buscar la manera de mandar al amado a amada fuera del hogar por tres días.

Durante los cuales, los efectos depresivos de la hierba estarían activos y el amado o amada no estaría apto para llevar a cabo funciones íntimas. Probablemente la persona encargada estaría con su amado o amada y las cosas tenderían a normalizarse. Después de tres días, cuando el amado o amada regresara al hogar, él o la encantadora eran instruidos de llevar a cabo otra toma de la hierba que finalmente acabaría con la pasión por la otra persona.

Así que mucho cuidado con lo que comas o bebas. La magia puede estar en camino.

Las hierbas han sido usadas como ayuda poderosa de sanación en casos de trauma psicológico. El uso de estas hierbas está determinado por la naturaleza del trauma y el tipo de personalidad del paciente. Por ejemplo niños "fuego", se les da el té de "tres milagros", hecho de menta, manzanilla y anís estrella. Las hierbas, ciertamente, han sido parte de una tradición milenaria para sanar traumas psicológicos y se conservan constantes en la práctica de sanación tradicional.

4. LA SABIDURIA DE COMIDAS TRADICIONALES.

En la comunidad latina, cuando se es invitado a comer no es preguntar, ¿Qué puedo llevarte? Porque todo es suministrado por el comensal.

Yo siempre me preguntaba como sabia la Abuela cuanta comida preparar, en especial en las fiestas. Un día finalmente le pregunté en un momento en que la fiesta había empezado. Esto es lo que me dijo: "De la cocina echaba un vistazo de vez en cuando para ver quienes venían. Todo lo que necesito es un par de segundos cada vez. Si veo a alguien yo sé quién está trayendo a otros. Si corro el riesgo, se quien está trayendo a otros. Si creo que no va a alcanzar lo que tengo para tanta gente, entonces uso mis trucos, le hecho más agua a la sopa, la aderezo muy bien y la hago aumentar. Lo mismo las bebidas, lo mismo con los tacos.

Es solo un asunto de hacer más tortillas y ponerles menos carne. De esta manera las cosas alcanzan y hay para todos. Pudo haber sido que el profeta sabía mucho de cocina antes y que fue a solucionar todo en la multiplicación de los panes y el pescado para sus discípulos. Uno nunca sabe.

De vez en cuando, yo me aventuraba entre el campamento de los trabajadores del campo. Estoy invitado a comer cuando no me esperan. Entonces veo que hay comida para todos, como si la Abuela estuviera hablando desde la cocina. Y me siento bienvenido, como si yo hubiera estado todo el tiempo invitado.

5. EL USO ESPIRITUAL DE HIERBAS.

Vivimos en una sociedad propensa a verse envuelta de conductas adictivas. Así que, cuando una planta es conocida por sus propiedades alucinógenas creciente número de gente quiere ingerirlas donde que estén disponibles.

Pero esta no es la manera en que las comunidades indígenas trataban esas hierbas. Todo lo que hay que hacer es estudiar el uso histórico del tabaco, la marihuana, el peyote, los hongos y la cocaína en los asientos de comunidades indígenas. Hay un conocimiento sistematizado en las culturas que rodean a esas plantas, conocimiento que ha sido preservado en rituales, procedimientos, historia y tradiciones, conocimientos que maximizan las propiedades sanadoras de esas plantas mientras se minimizan sus efectos negativos. Antes de ingestar esas plantas, mejor hay que escuchar a la gente que tiene miles de años de experiencia con sus propiedades, después de todo, esto es lo que hacemos con nuestras medicinas, escuchamos a los médicos cuyas prácticas han existido por un par de siglos.

El uso espiritual de las plantas ha estado reservado para tratamiento de ciertas afecciones traumáticas psicológicas; especialmente aquellas que han permanecido sin resolverse en anteriores intervenciones. Y cuando usadas, son parte de rigurosas preparaciones para ambos, sanadores y pacientes y frecuentemente resultan en cambios de vida y nuevas experiencias para aquellos que se comprometen a seguir las antiguas tradiciones.

6. ALIMENTOS Y SALUD.

Alimentos son más que material de comida que comemos. Alimento pueden ser ideas (alimento para el pensamiento), emociones, (alimento del corazón) inspiración (alimento del alma).

Lo que comemos tiene que ver con nuestro estómago; alimentos tienen que ver con nuestro ser completo. Un sanador habilidoso mira no solo las cosas que comemos sino también como nos alimentamos dos mil años hace que Platón observó:

"El gran error en el tratamiento con el ser humano y su cuerpo es que los médicos son ignorantes del todo. Porque la parte nunca puede estar bien a menos que el todo lo esté".

Yo confirmé la verdad de esta declaración desde edad temprana. Cuando estaba viviendo en un pueblito en México. En mi familia había solo tres profesiones que eran "sagradas": sacerdocio, maestro de Escuela y Doctor en Medicina. Fue durante este tiempo que uno de mis tíos se había graduado de la escuela de Medicina y había decidido empezar a practicar en el pueblo de mi abuela. Cuando mi tío se bajó del autobús, todo vestido de blanco, fue muy bien recibido por el sacerdote, el mayor de las monjas de mi escuela, por los miembros del pueblo más destacados e incluso por la banda del pueblo.

Semanas después, al iniciar su práctica, mi abuela decidió referirse a mi tío con todas las personas que iban a verla. Mi tío no tenía enfermera o recepcionista, así que decidió entrenarme en esta labor.

 Cuando llegaba un paciente yo tenía que hacer una hoja de datos por cada uno, llenar varias formas con información demográfica y preguntarles sobre el motivo de consulta, entonces hojas en mano acompañaba yo al paciente llamaba yo al "Doctor", mi tío.

Mi tío me dijo que necesitaba yo aprender a tener un trato profesional con los pacientes. Un día estaba yo ahí, entró una mujer de mediana edad preguntando por mi abuela. Yo había sido instruido a decir que la Abuela se había retirado de las prácticas de sanación que había estado desempeñando, pero un verdadero doctor, mi tío, un tanto renuente la señora acepto consultar al doctor.

Cuando le había yo terminado de tomar sus datos. Fui a llamar al Doctor. La señora se había quejado de dolores de estómago y después de algunas preguntas mi tío prescribió algo para una úlcera.

 Una semana después, la misma señora regresó. Me tomo por la camisa y me dijo "esta vez quiero ver a tu Abuela". Por el tono de la voz supe no iba a ser posible negarme, así que fui a traer a mi Abuela.

Después de poner al tanto a mi Abuela, salió a ver a la señora. Mi Abuela abrió sus brazos y viendo a la señora a los ojos, ella dijo, "¿Qué te paso querida?". La Señora rompió a llorar y le dio un fuerte y cálido abrazo. La Señora continuó llorando un momento, mientras mi Abuela, sin decir palabra, la sostuvo abrazada. Después ella me diría, que la mayor parte del tiempo llorar es bueno para el cuerpo.

De acuerdo con ella, se libera el dolor y restablece alguna energía perdida cuando se llora.

Entonces se llevó a la Señora a una recamara donde tenía una vela siempre encendida. Le preguntó a la Señora si quería sentarse ahí en silencio, observando la luz de la vela y respirando suavemente. Una vez que la dejo en el cuarto mi Abuela preparó un té con miel. Mi Abuela dijo que un diagnóstico debía ser hecho solamente cuando la paciente estuviera calmada y tranquila. Así que la primera cosa que hizo fue ayudar a la paciente a tener calma y paz. Una vez que la paciente bebió el té, mi Abuela preguntó cómo le estaba yendo a su familia. Mi abuela aclaró que una buena mujer es siempre más preocupante de su familia que de sí misma por tanto, checando sobre su familia era tan importante como checar sobre ella misma. La Señora dijo que su esposo había partido para los

Estados Unidos hacía ya casi tres meses, y había dicho que había ido a trabajar para mandar dinero.

Pasaba que la Señora no había recibido noticia alguna.

Mi Abuela dijo: "has de estar muy preocupada, niña"

Mi abuela dijo: La señora moviendo su cabeza asintió en silencio. La Abuela preguntó cómo había estado durmiendo, si había estado teniendo dolores de estómago o de cabeza, como había estado comiendo. Una vez que la Señora respondió mi Abuela dijo, "te diré que vamos hacer", le voy a escribir a uno de mis hijos que está cerca de donde está tu esposo en Estados Unidos y vamos así a saber que le pasa a ese tonto quien debe escribirte aunque sea unas líneas. Tus chicos no irán sin alimento, Roberto irá contigo al mercando una vez a la semana, tus hijos no irán a la escuela hambrientos; y para tí te daré uno de mis remedios especiales, para que tengas suficiente energía para hacer cosas que necesitas hacer, pero debes comer bien: No vas a ser de mucha ayuda si tú te enfermas".

La Señora sonrió y unos días después, regresó con una disposición nueva enteramente diferente. Ella estaba con buen espíritu e incluso sonrió cuando me dijo que le agradecía a mi Abuela todo. La señora abrazo a mi abuela quien había salido a ver a la Señora, y después de intercambiar unas palabras con ella. Pidió leyéramos una carta que había traído, de su esposo. Había tenido problemas pero al fin había conseguido trabajo en la pisca de durazno. Y que iba a tener un trabajo por un tiempo. Incluso se las había arreglado para mandar un poco de dinero. Al final de la carta añadió lo siguiente:

"Te he escrito y te mando algo de dinero, vas ahora por favor y le dices a Doña Exiquia (Mi Abuela) que ya me suelte".

La señora estaba encantada. Compartió su júbilo con mi Abuela de la misma manera que ella había compartido su pena.

Mi Abuela luego me contó "Algunas veces te tienes que trepar en la espalda de alguien en orden de curar el estómago de alguien".

7.   RELATOS,   TRAUMAS   Y TRANSFORMACION

Muchas culturas nos cuentan historias de traumas y transformaciones. Me gustaría compartirte un relato Tolteca de la serpiente y el águila, un relato que nos habla acerca del poder de la disciplina y como a través de él podemos dar nacimiento a nuestro más alto "sí mismo". El símbolo de la serpiente y el águila ha estado en el Continente Americano por centurias. Esta es la historia:

Hace mucho tiempo, vivía ahí una serpiente. No tenía amigos, ni sentido de dirección o lealtad y ninguna conciencia por ningún otro ser. La serpiente era egoísta. La serpiente frecuentemente sentía frio, excepto cuando está absorbiendo la vida de otros animales, mientras los devoraba. El problema era que lo cálido nunca duraba. La serpiente era una criatura solitaria, nadie deseaba estar cerca de ella. Un día, un bello pájaro se acercó volando y se detuvo a conversar con los animales. Contrariamente a lo que pasaba con la serpiente, el resto de los animales querían estar cerca del pájaro de bellas plumas negras. La serpiente pensó esta es una buena oportunidad para atrapar un animal, así que se acercó a donde se estaban reuniendo, pero fue descubierto por uno de los animales. Un segundo más tarde los animales habían desaparecido todos a excepción del águila. La serpiente decidió acercarse más, muy despacio.

Entonces, el águila empezó a hablar. "Yo sé lo que tú quieres" dijo el águila "yo sé lo que te mueve" la serpiente se detuvo, se asombró sorprendida de que estaba hablando el águila. El águila continuó "tú quieres sentirte viva y el problema es que tu solo logras sentir esto por un breve lapso, no es así?

La serpiente hizo una seña de aprobación con su cabeza. Yo también se cómo tú te puedes sentir viva todo el tiempo, como puedes sentirte agradablemente con calor noche y día" ¿Cómo? Preguntó impaciente la serpiente. El águila apunto al sol "tú tienes que comerte el sol". La serpiente empezó a sentir coraje, que era la manera como se sentía la mayor parte del tiempo. "Tú dices esto" dijo la serpiente. "Porque tú tienes piernas y todos te quieren, porque tú tienes alas, pero mírame a mí, yo tengo que arrastrarme sobre la tierra! La serpiente estaba acercándose más al pájaro diciendo esas palabras. El ave sabía lo que era capaz la serpiente de hacer, así que mantuvo una distancia prudente para seguir hablando con la serpiente, pero lo suficientemente distante para estar fuera de su alcance.

"Tú tienes que empeñarte en alcanzar el sol" dijo el águila de otra manera el mundo de soledad, deseo perpetuo y destructividad en el cual estás atrapada seguirá siendo la única vida que tu conozcas". La serpiente que era un ser muy racional dijo "lo que dices tiene sentido, pero lo que me pides hacer es imposible". El águila dijo, "si tú haces lo que te digo, te aseguro que tú alcanzarás el sol ¿qué tienes que perder?

La serpiente pensó por un momento y finalmente decidió probar las palabras del ave. El águila dijo a la serpiente que había varias cosas que necesitaba hacer, que tendría que tener plena determinación. Superar el pánico y mantener su mirada fija en el sol. La serpiente necesitaba encontrar el lugar más alto en la tierra, la pirámide del Sol y desde la parte más alta saltar dentro de la luz del Sol. En camino a la pirámide, la serpiente (quien estaba acostumbrada a una manera floja y despreocupada de vida) se sintió cansada. Justo antes de comenzar su caminata, sintió ganas de abandonar la empresa.

El águila le recordó que el proceso iba a tener que tomar un esfuerzo, así que la serpiente continuó en su empeño. Al irse moviendo hacia el cumplimiento de su propósito, pedazos de piel comenzaron a desprenderse de su largo cuerpo, entonces, por primera vez en su vida, la serpiente tuvo un sentimiento propio, sintió pena y lloró.

"La vida comienza con lágrimas "dijo el águila". Vamos en la dirección acertada. Más tarde, la serpiente llegó a la base de la pirámide. "Yo esperaré aquí" dijo el águila. Tú tendrás que ascender la pirámide por ti misma". Para entonces, la serpiente había soportado suficiente dolor y se dio cuenta de que muchas cosas hasta el punto que ella estaba dispuesta a continuar: no había regreso para ella. El águila dijo "en cualquier momento que te sientas insegura; escucha tu corazón y sigue su mensaje". La serpiente le dijo a su amiga el águila adiós y comenzó su ascenso de la pirámide, escalón por escalón. Con cada arrastrarse lento, sintió que algo de dentro de ella iba muriendo, pero siguió adelante.

Entonces, finalmente alcanzó la parte más alta y experimentó el enorme miedo de su vida "si tu saltas seguramente morirás" escuchó a su mente decir. "si te atreves a saltar te verás transformada" le dijo su corazón. Por primera vez la serpiente podía escuchar a su corazón. La serpiente tomó vuelo y saltó al aire rumbo al abismo. Al ir en el aire, sintió de su lomo como se iban formando alas viniendo de las partes donde había sentido arrancar su piel y de sus viejas heridas. Se convirtió en la serpiente emplumada y sus alas la llevaron a lo largo del camino rumbo al sol. La serpiente emplumada atravesó el sol y se transformó en pájaro de fuego, sus alas se pusieron negras, regresó como águila, había obtenido el gran conocimiento y la amplia visión de las águilas. Y vio águilas de entre las serpientes esperando su turno para ser transformadas.

8. LOS GUARDIANES DE LAS MARACAS

La maraca, una calabaza seca donde se llena de algunas semillas, ha jugado una parte esencial en las ceremonias de numerosos grupos indígenas. Cuando nacemos, nos dan una maraca, pequeño instrumento que nos fascina con su sonido, instrumento con el cual creamos nuestra primera música. Las maracas de los adultos tienen un papel adicional que desempeñar. Contienen las mejores semillas de la cosecha. Si por cualquier razón, la cosecha se perdiera, los guardianes de las maracas aparecerían, trayendo las maracas. Entonces por el interés de la comunidad, romperían las maracas y soltarían las semillas de la vida. Con la esperanza de volver a restaurar las maracas. Si echamos un vistazo a nuestro derredor, vamos a encontrar que nuestras comunidades están fallando, que la vida de nuestra comunidad se está desintegrando. Socialmente, estamos viviendo en un tiempo de hambruna. Es tiempo de llamar a los guardianes de las maracas. Un guardián me dijo que ya ha estado aquí, que ya ha quebrado su preciada maraca, la cual había conservado para esta época de hambre.

"Estas semillas, son las mejores", me dijo. "son nuestra más grande esperanza para superar tiempos difíciles". El guardián de las maracas me mostró sus manos. Ha quebrado su maraca. Veo alrededor y no veo las semillas. El guardián me dice: "Ve con la gente, mira profundo en sus corazones y diles: que ellos son mis semillas".

CAMBIO Y TRAUMA

Las pinturas de arena de los nativos Indios Americanos son medicina. Ellas esquematizan nuestro mundo interior y nos ayudan a encontrar nuestro camino en la vida.

Los Indios Navajos tienen una buena razón para hacer sus pinturas sobre arena. Mucho trabajo va a formar parte de su ser más profundo, muchos detalles se quedan con ellos. Cada uno de ellos, como nosotros, es único. Sin embargo un momento después, la pintura se desvanece.

Nada queda solo la arena. ¿Para qué ir tras tanta molestia sino va a durar? Una buena razón es que, con la pintura, uno alcanza la unidad con el momento. Dar un paso en el tiempo sin tiempo o como algunos grupos indígenas prefieren llamarlo "soñando el tiempo". La pintura vive para ese momento y como todo en la vida seguirá su curso. Nosotros alcanzamos a verla tomar forma y regresar a su forma natural. Es vida en movimiento y en orden a estar vivo, cambia. No hay apego a la pintura. Sus partículas, una a una, se levantan, se combinan y danzan con el viento. No hay resistencia. Solamente la corriente, el flujo. Entonces vemos que el Gran Cañón en toda su majestad es nada sino una pintura en arena. Aún las estrellas y galaxias son pinturas de arena.

La gente de medicina nos dice que cada momento que vivimos es una pintura de arena, viene y va y no importa lo que hagamos, no podemos repetirlo. La mayoría de nosotros ponemos el momento que vivimos en experiencias del pasado. Las manos de la vida intentan rendir una pintura de arena, pero nosotros tenemos congeladas las pinturas del pasado, no nos hemos librado a nosotros mismos del pasado y seguimos adelante, desperdiciando momento tras momento. Entre más viejos nos hacemos, más nuestras experiencias nos retienen de encontrarnos con la vida.

La arena que ahora nos escuda como cuerpo, ¿cuántas montañas ha construido en el pasado, cuántos árboles y cuando me haya ido, cuántas flores elevará de esta arena? La arena de nuestro medio ambiente es la misma arena de nuestro cuerpo.

A este respecto cuidar ríos y lagos, es cuidar nuestro torrente sanguíneo, ríos, lagos, que configuran nuestro cuerpo, cuidar del aire, es cuidar nuestros pulmones, bronquios y aparato respiratorio, cuidar nuestras palabras y ponerlas en circulación en el medio ambiente es cuidar nuestro corazón. Es por esta razón porqué la mayoría de las pinturas de arena son dibujadas en forma de círculo. Todo se conecta en el mundo.

Una anciana de la tribu Ute, habiendo dibujado un circulo en la tierra me dijo: "Esta es la manera como yo saludo cada nuevo día. Hago un círculo. Esa soy yo. Entonces esa soy yo. Entonces veo el sol. Cada día y digo "que sea yo como tú a través de todo el día, con luz en mi corazón para todos".

La anciana me dijo que todos formamos circulo a nuestro alrededor. Cuando tenemos miedo o coraje nuestros círculos cargan esas emociones. Pero, fuertes como esas emociones puedan ser, los círculos no tienen un espacio tan grande. Sin embargo, cuando experimentamos un fuerte sentimiento de amor, entonces nuestro círculo puede ser tan amplio como ir más allá de nuestro mundo.

Todo el camino hasta el sol. "mi abuelo" dijo la anciana, "que muchos miembros tribales solían hablar al sol cada mañana. El amor en sus corazones fue fuerte. Ahora algunos cuantos son los que pueden alcanzar el sol. Necesitamos cambiar esto. Es nuestro destino, pequeños como somos, los que podemos alcanzar el sol cada día de nuestra vida.

EL PODER SANADOR DE EL CORAZON A DISTANCIA.

En el tercer círculo del calendario Azteca, vemos como empezamos nuestro crecimiento desde el

239

mundo acuático. Ahí solo escuchamos el sonido de dos tambores. Uno de ellos, con el sonido lejano, pero resuena en todo nuestro ser. Su sonido ha estado ahí antes de nuestros días. Es el corazón de la Madre. Para cada uno de nosotros, no hay uno igual y su sonido es único. No hay otro igual. Nuestro crecimiento está orquestado por su ritmo.

Hay un segundo tambor, este golpeado más rápido que el primero: nuestro propio corazón. Ambos, el rápido y el lento crean la armonía.

Al nosotros emerger del agua al mundo del aire preservamos nuestra habilidad de reconocer no solamente el latido del corazón de nuestra madre, pero el latido del corazón de nuestros queridos también, fenómeno conocido en Español como "corazonada", que literalmente significa: "mensaje de amor". Yo recuerdo numerosas ocasiones en las cuales mi Abuela colocaría sus manos sobre el corazón y exclamaría "una corazonada". Un poco después seriamos informados de un accidente o enfermedad repentina de un pariente. A veces, la Abuela diría el nombre de una persona afectada. Una y otra vez sus "corazonadas" fueron atinadas. Después de un rato, tuve que confiar en su corazón.

¿Cómo pueden sentirse esas cosas? "Yo una vez le pregunté a mi Abuela?

Ella me miró a los ojos y me dijo "¿Cómo, tú no lo sientes?" Yo dije que obviamente mi corazón no tenía que decirme. Mi Abuela se río y me sacudió la cabeza. Entonces ella dijo: "Tú corazón te habla a ti también, pero su voz es más callada que la que tienes en tu cabeza. Te habla a ti con sentimientos, con imágenes, como los que puedes ver en tus sueños. Cuando quieres a alguien tu corazón también te habla, no importa que tan lejos puedan estar. Tú estás propenso a oír una corazonada cuando no estés pensando mucho, cuando estés en calma. La gente de tercera edad tranquila, se calman y encuentran con más facilidad el tener corazonadas, pero en realidad, todos independientemente de su edad pueden sentirlo. Mi abuela entonces dijo que nuestro corazón le dio forma y sabor al mundo a nuestro alrededor. Si nos cae bien alguien que tenemos en mente, has una buena historia acerca de su o sus acciones, si nos disgusta, la historia será una negativa. "No es que hayamos decidido mentalmente "ella dijo" continuó diciendo, "es que nos hemos decidido de corazón". Dijo que el odio y la envidia son muy ponzoñosos en el corazón, una fuente de mala medicina para el mundo, elementos que debemos eludir a toda costa y si nos encontramos nosotros mismos afligidos por cauda de ellos, debemos hacer todo lo que esté en nuestro poder para removerlos de nuestro corazón, porque ellos ciertamente nos destruirán sino lo hacemos así.

La Abuela dijo que aquellos que traen daño a otros proyectándolo, pueden hacerlo y solo lo pueden hacer porque ellos se han dañado a sí mismos con anterioridad. "Ellos solo dan lo que tienen en su corazón".

"Al final – ella dijo – solo podemos dar lo que tenemos en el corazón, nada más".

La Abuela dijo que no solo recibimos mensajes perturbados con el corazón. También recibimos los placenteros. Aquellos que fueron gustosos de que sucedan cuando nos encontramos felices sin razón aparente.

"Esto es – ella dijo – alegría desde muy lejos.

Años más tarde, en la Base del Monte Shasta, me encontré extrañando a mis dos hijos mayores, quienes estaban muy lejos de ahí. Un hombre de Medicina me miró y preguntó que estaba pasando en mi corazón? le dije. El movió la cabeza y sacó algo de salvia de su morral. "Cantemos" me dijo al tiempo que empezó a quemar la salvia y "tendremos a la canción llevando tu amor a tus muchachos".

Y yo canté y puse mi corazón enviando todo mi amor. Sorprendentemente, en ese momento preciso cuando regresé a cada, mis muchachos estaban llamándome al teléfono para decirme que habían sentido mi presencia y que querían que yo supiera cuanto me quieren.

He tenido la fortuna de compartir con otros un ritual de mandar nuestra "energía del corazón" a nuestros seres queridos que estén muy lejos. Este es frecuente el caso para aquellos quienes están separados de sus familias y que están experimentando un crónico sentido depresivo y emociones de dolor y culpa cuando piensan en sus seres queridos. Lo que hacemos con el ritual es entonarnos con nuestros sentimientos más profundos de amor y bienestar y enviarlos a nuestros amados primero en la mañana. De esta manera, les damos lo mejor de nosotros y los más positivos sentimientos – más bien que aquellos de disgusto y negatividad. La gente que práctica este ritual reporta un cambio en su estado de ser de natural energía.

Ellos experimentan la verdad de los antiguos sanadores cuando solían decir: "no hay distancia para un corazón lleno con amor".

EL PODER SANADOR DE LA CABAÑA DE SUDORACION (TEMAZCAL)

Una pareja de perros amigables se vinieron conmigo cuando llegué a la casa de Ángel en Big Bend. El fuego estaba prendido a lo máximo, varias rocas volcánicas se calentaban ahí.

Abraham estaba amarrando viejos sarapes sobre el dulce domo, asegurándose de que ninguna luz penetrara al interior. El tiempo finalmente llegó para todos de entrar.

Radley dijo algunas palabras sobre el propósito de reunirnos y pedido especifico que se deseaba hacer, de una familia que estaba ahí asistiendo. Ofrecimos algún tabaco al fuego. Nos formamos en línea, Radley usó una larga pluma, haciendo unos pases en cada participante al ir entrando al domo de sudoración. Me pidieron sentarme en el círculo, exactamente enfrente del centro donde asentarían las rocas volcánicas.

"Yo soy un aceptador danzante" dijo Ángel "y un hombre rezo por mí para recibir este honor. Ahora, la única manera para mí de mantenerme es trabajando con la gente, e ir por la vida de una buena manera". Trajeron las rocas dentro y el calor de inmediato se intensificó produciendo sudor. La primera ronda consistió en cuatro canciones. Fue una ronda de purificación. Las canciones fueron un descanso y una manera muy efectiva de soportar con paciencia el calor. Yo pensé para mí que tal calor, cualquiera cantaría y haciéndolo con todo el corazón.

Fuimos inducidos a cantar más y más aprisa incrementando nuestro ritmo con la elevación de la temperatura del sudor. Entonces, uno de los ancianos cantó y lo hizo lentamente. Después de unos momentos de escuchar su canción su ritmo, hizo sentido en mí.

Era una manera de bajar lentamente nuestras mentes al nosotros, ir aguantando el calor. Fue un asunto de calmar nuestras mentes como su estuviéramos sobrellevando con paciencia y resistencia el calor y me maravillo del dominio

244

que este hombre anciano tenía sobre sí mismo. No estaba ni impaciente ni agitado. Su canción fue calmada y segura aun cuando el calor estaba subiendo. Aquí esta yo encontrando refugio en la calma y dulzura de su canción mientras olas de vapor seguían elevándose desde las rocas ígneas de rojo casi blanco.

Intenso calor siempre provoca coraje e inquietud y uno puede entregarse a la ira por un instante, o un rato, pero uno se convierte en agotamiento de energía. El coraje consume mucha energía. La ceremonia del sudor parece diseñada para ayudarnos a movernos del coraje a otras emociones, al nosotros soportar con paciencia y resistencia el calor.

Al sudar, nosotros nos libramos de toxina y tensiones. La negatividad que hemos acumulado en nuestros cuerpos, nuestras emociones e incluso en nuestros pensamientos, se elevan a la superficie y son enviadas fuera por el sudor.

En unos minutos añoramos el fresco aire. Un poco después sentimos como si hubiéramos estado sin agua por días y sin alimento por semanas. Cuán preciado es el fresco del aire. Cuán preciosos son agua y alimentos. Cosas simples básicas, el sudor nos puso en contacto con nuestras necesidades. No obstante, es bueno ir sin cosas. Es bueno dejar ir y obtener el contacto con nuestra naturaleza esencial, la cual se alcanza cuando hay nada que nos quede de nosotros.

Ahí en la obscuridad, con las piedras brillando en su calor y el vapor impregnado el recinto con dulce salvia, uno no tiene a donde ir sino a la profundidad de sí mismo.

Cada ronda se caracteriza por traer nuevas rocas ardientes en el sudario. Entre más rondas estemos juntos, menos capas tendremos entre nosotros y con la vida que vive a todo nuestro alrededor durante la segunda ronda, una vez purificada, pedimos bondades para los demás, particularmente para esos viviendo en la Tierra Ancestral. Podemos pensar en individuos particulares, pero pedimos por los ancianos, adultos, jóvenes y niños. Uno de los ancianos nos dice que lo que pedimos como el arreglo de la casa de sudación siempre van en un círculo. Eventualmente lo que damos es lo que recibimos.

Estamos animados a preguntar por lo que necesitamos y no por lo que queremos. Yo pido por agua. Me han dicho que una de las lecciones del domo de sudor para mi puede estar sin agua por un tiempo así que yo pueda experimentar el mundo de aquellos que están en necesidad. Entonces que me ofrezcan una copa llena de agua. Yo la sostenga en las manos, pero no la beba. Ni un sorbo. Yo empezaré a entender con mi mente, mi corazón y mi cuerpo, el mundo de aquellos en necesidad. Yo me digo a mí mismo que yo voy a escuchar más fácilmente a otros, que yo voy a ser más bondadoso con otros.

La ronda para el calor se hace casi insoportable. Es entonces que Ángel canta la canción del aceptar. Todos la seguimos. Yo dejo que el canto me guie. El tono me dice si yo tengo que ir más alto, o bajo, si tengo que usar intensidad, o si tengo que llegar casi al silencio. La canción de alguna manera nos da el mismo sentimiento. Hacia el final de la canción, estamos dando la misma entonación, los altos y bajos, subir y bajar la voz, justo como si solo hubiera únicamente uno de nosotros cantando esta canción.

La canción del "aceptar" nos da un sentido de unidad y armonía. No solo una armonía humana; es una armonía cósmica. Entonces se nos dice que nosotros humanos, somos los más lastimosos de todas las criaturas de la tierra. Todos los demás seres saben su lugar y propósitos. Somos los únicos en necesidad de tantos recordatorios para encontrar nuestra propia vida. Es porque nosotros hemos perdido el camino, que el resto de las criaturas de la tierra están sufriendo las consecuencias de nuestra ignorancia y arrogancia. Nos hemos convertido en mala medicina para la tierra. La armonía del sudor nos trae más cerca de la corriente de vida, la vida silente que va por debajo de nuestra conciencia ordinaria, la misma que corre a través de todos los otros seres vivos.

Para la tercera ronda, uno de los ancianos canta una canción de juventud. El hombre canta con voz fuerte y nosotros lo oímos ir más allá del punto de agotamiento, de extenuación. Sentimos que él está haciendo un esfuerzo extraordinario y gradualmente los jóvenes están moviéndose para cantar con él. Sus voces dan la canción nueva de fortaleza. La cabaña del sudor nos reafirma a nuestro ser.

Para el tiempo que alcanzamos la cuarta y final ronda, no tenemos nada más pero nuestro ser interior en la superficie de nuestro cuerpo, nuestro corazón y nuestra mente. Hemos sido humildes al punto que nosotros todos tenemos nuestras caras en el suelo. Hemos ido más allá de nuestra disconformidad y nuestro dolor, más allá de nuestra individualidad. Hemos ido también más allá de nuestra humanidad. Por un momento, nos hemos convertido en vida bien centrada. Y de aquí en adelante hemos entrado a la cuarta ronda, propiamente llamada la ronda del agradecimiento.

Sentimos este sobrecogimiento de gratitud hacia la vida. El dolor está en alguna parte allá abajo, sin alcanzarnos ya. El calor está ahí, pero ya no nos quema, no hay nadie ahí a ser quemado. Nos hemos finalmente convertido uno con las rocas volcánicas. El vapor está en nosotros y nos hemos convertido como esas rocas que produjeron este calor. No hay nada que quede entre nosotros. Hay comunión con las rocas. Las conocemos desde dentro. Nuestro viaje ha sido completo.

Nosotros gradualmente salimos del sudor diciendo "por todas mis relaciones" al ir saliendo. Y todas nuestras relaciones están ahí afuera.

Veo al cielo. Las estrellas parecen estar a mi alcance. Las estrellas destellan, irradian luz rebosante de amor y alegría.

Las estrellas todas rebosantes con una luz, la misma que acabo de ver en las rocas. Por un momento, me levantó ahí, sin moverme, contemplando las luces celestes. Y entonces oigo la canción de las estrellas.

SANAR ES REGRESAR A NUESTRO VERDADERO SER

Hay un universo dentro de nosotros todos. Está ahí, aun si lo ignoramos. El hombre moderno ha estado buscando por fuera y pagando poco o no atento al mundo interno. Y mucho de nuestro sufrimiento y animosidad se desenvuelve a partir de esta falta de conciencia. Artistas y poetas tienen la habilidad de sintonizar y compartir con nosotros este mundo. El resto de nosotros entra ahí solamente cuando nos vence el sueño, cuando soñamos.

Increíblemente, los individuos que me dicen que no tienen creatividad para nada, frecuentemente salen con historias extraordinarias cuando narran sus sueños. Entonces el truco es ayudarlos a ser con sus ojos abiertos quienes son con sus ojos cerrados, una vida desenvolviendo su talento en el mundo.

Los artistas tienen la habilidad de soñar con los ojos abiertos. De alguna manera ellos han manejado para mantener el acceso a su mundo interior y se han convertido inmunes al efecto petrificado de presiones externas.

Emociones tales como vergüenza, culpa y odio, tienen un efecto petrificante, mientras que aquellos de afecto, cuidado y paz; crea el medio ambiente ideal para nosotros de manifestar nuestros talentos.

Al nosotros liberar nuestro adormilado, inactivo o represivo sí mismo, nos convertimos más y más en el glorioso ser que fuimos intencionalmente creados ser. Tenemos toda una singularidad sin la cual el Universo estaría incompleto. Sostenemos el instrumento que toca las notas clave de la sinfonía de la vida. Nubes, ríos, pájaros, cantan su parte y después hay una pausa. Esto es cuando nosotros fuimos creados para hacer nuestro solo.

Cuando desafortunados son aquellos quienes no llenan la expectación que la vida tiene para ellos. ¡Y cuán maravillosos son aquellos quienes se levantan al momento para darle la melodía de la vida su más motivadora nota!

Hemos sido creados para cantar con el Universo a enriquecerlo con nuestras vidas.

Esto es el hombre Universal, el que fuimos propucstos a ser.

Dentro en lo profundo de nosotros vive el lugar del cual el Universo entero se desenvuelve. En momentos de gran paz o júbilo o amor, nosotros entramos en él. Ahí nos veremos.......

64806423R00149

Made in the USA
Middletown, DE
30 August 2019